もくじ

はじめに

「幽霊の正体見たり枯れ尾花」という言葉がある。怖い怖いと思っていると枯れたススキも幽霊に見えてしまうという意味である。よくよく見れば幽霊でもなんでもないのだが、もし「幽霊だ」と思ってその瞬間に恐怖心から逃げてしまえば、その人にとって「枯れ尾花」はずっと得体の知れない幽霊のままだ。

私たちは、不安をなくすためにできるだけありのままの現実を見たい、理解したいと思っている。もし、自分の認識が誤っていたら修正し、より事実に近づこうとするはずだ。

しかし、私たちは多くの場合、みんなが「あたりまえ」と言っている通説については疑ったりはせず、そのまま事実として信じてしまうこと多い。しかし、その「あたりまえ」は事実なんだろうか。証拠も示されず正体のわからない幽霊（＝誤認）に惑わされて、悩んだり、苦しんだりする人もいれば時には誤解から断絶や敵意を生むことさえある。

本書の目的は、読者の皆さんに、その「幽霊」の真偽を問う視点を持っていただくよう促すことにある。本書では、五人の心理学者がそれぞれの研究領域で明らかになった「人間観に関する通説の正体」を紐解いていく。本書の五つの例が、皆さん自身の身の回りにある「通説」に疑いの目を向けていただくきっかけになれば、私たち著者の挑戦は成功したことになる。

まず、第1章「なぜかモテる子モテない子」では、モテるモテないが単なる恋愛関係にとどまらず、人類にとっての大問題であること、モテるモテないは、マスコミやネットで見かける一方的な表面的な魅力の発信ではなく、お互いが求めるもののマッチングと交換のタイミングであることを支えあいからつながる心をキーワードに説明する。

第2章「男性による育児休業の取得を阻む心理的障壁」では、育児休業低迷の理由として、職場の制度が整っていないからとか、男性たちはいまだに保守的な価値観が根強いのだろうとの多くの人の予測の背景にある、男性たちが集合的な勘違い現象（多元的無知）に陥っている側面を指摘している。多元的無知は、裸の王様現象ともいえる現象で、多くの人は内心「王様は裸だよな」と思いながらも、みんなには「世にも稀な高価な衣装」が見えているんだと思って、本心とは違う行動をしてまう。私たちの日常に起こる「ホントは誰も信じていないが、みんなが「誰もが信じている」と思い込む」現象の現実問題への適用を説明する。

第3章「心の変化と問題の意味」では、学校での「問題行動」や「不適応状態」と呼ばれる一般的に否定的に捉えられがちな事態に「心が新しい可能性を取り入れていこうとしているときに生じる」といった肯定的な視点を新たに与えている。このことを、「無意識の心の動き」と「心理発達」の観点から説明し、また、自分の無意識と向き合う媒介の一つとして、「イメージの活用」について説明する。

第4章「「日本人の自尊心は低い」のか？」では、日本人の自尊心が低いとされる国際比較調査の限界を指摘する。具体的に日本人は自尊心が低いとされる根拠として、質問への回答により得られた自尊心得点の国際比較の結果が用いられることが多い。しかし、質問への回答だけでは日本人が単に謙遜しているだけという可能性もある。一方、意識的に反応をコントロールできない方法で自尊心を測定した場合には、日本人も他の国の人々と同様に自分をポジティブに捉えていることが示されている。ここから、日本人はどのような意味で自尊心が低いのか、また事実に近づくために「心を測る」とはどのようなことなのかについて説明する。

第5章「ひとの心の虚と実」では、総論としてわれわれが一般的に信じたり、正しいと思ったりしていることが、心理学の研究からは疑問や誤りと考えられているケースをいくつか紹介する。日常生活における、ものの見え方、学習効果、みんなと一緒にいることの心や行動への影響、過去に芽生えた感情がまったく別の人に向けられることや、根拠が曖昧なのに確信する精神などの現象の紹介により、心理学は、身近だが奥深い学問であることを概説する。

本書が、幽霊の正体を見破りみなさんが日常の幸福を見つけるヒントとなることを筆者一同願っている。

筆者一同

第1章
なぜかモテる子モテない子

太田《おおた》　仁《じん》

私たち人は、人に会えなくなるとさびしくなる。そして、人と心が通い合っている実感が欲しいし、注目もされたい。できれば、なにかと頼りにされ感謝されたいという欲求がある。本章がテーマとする「モテるモテない」が気になるのは、人が他の動物と異なり必要なもののほとんどを他の人との関係から得ているからだ。生命維持のためにも人との関係は無視できない重要課題だ。そういった意味からも私たちの脳は進化の過程で、モテるモテないを気にするように最適化されているといっても過言ではない。

これまでの心理学の研究でも親密な関係は自分自身の価値を規定する重要な役割を担っていることを実証している（Harris & Darby2010）。モテるモテないが気になることは恥ずかしいことでもチャラいことでもない。ある意味、どうしたらモテるかを考える行為は、生きる意欲の核ともいえる。そして、私たちが希望を持って自分らしく明るく元気に楽しく生きるためにも大切なことである。本章では、モテたい気持ちを対人心理学の視点から考える。家庭・学校・職場などさまざまな場面で人は悩むけれど、その多くは対人関係に由来する、「モテる、モテない」は何も若者だけの問題ではなく、生涯にわたる大問題なのだ。

さらに「モテるモテない」にはいろんな意味が含まれる。対人関係の悩みのルーツにも深く関わる「モテる、モテない」気持ちをもう一度見直してみよう。

一　モテたい心のルーツは赤ちゃんの頃にあった

人に会っていないと変になる

新型コロナウイルス感染拡大予防のため全国に発令されていた緊急事態宣言が、二〇二〇年五月二五日に解除された。新型コロナウイルス対策で自粛生活を続けていた私たちは感染リスクがなくなったわけではないのになぜかうれしかった。多くの人が拘束と抑圧から解放され自由が戻ってきたといった実感を持った。日本の緊急事態宣言には法的拘束力がなくても、息苦しかった。具体的に「これでみんなに会える」という思いから、なぜかホッとした人もいただろう。自粛生活で親しかった友達や恋人に会えない不自由さは人の精神バランスを狂わせた。緊急事態宣言の発令時期は日本の多くの学校や職場の新年度の始まりに重なった。新入生や新入社員はもちろんメンバーが変わるクラスや職場では「出会い」と「新しい関係づくり」ができないまま、ネットを介しての活動を余儀なくされた。しかしネットを介しての交流だけではお互いについての理解には限界があった。ホントは、どんな人なんだろうかといった疑心暗鬼のままネットだけでつながっている窮屈さともの足りなさが、リアルに会うことをよりいっそう渇望させた。

それはネットを介して得られる人に関する情報は直接会って得られる情報に比べれば少ないと感じてい

ることにも依る。人は独りでは生きられない社会的動物だ。自分も価値ある存在として認められた必要とされている仲間だという実感が欲しい。その実感を得るためには人との交流が不可欠であり、その交流はさまざまなコミュニケーション・チャンネル（＝相手に情報を伝えるルート）により実現される。例えば、対面して話している時の相手との距離や体の向きといった音声言語以外のメッセージ、またお互い言葉は交わさないけれど伝わる雰囲気などはネットによるコミュニケーションでは得られにくい情報だ。こういった情報の影響を受けた心の動きは、人の幸福感の源泉となり、幸福感はあらゆることへの原動力となる。読者も何かいいことがあった日は、これまでやる気がしなかったことにも積極的になれた経験があるはずだ。

つながりを求める心「愛着」スタイル

生きていてよかったと実感できる幸せは、私たちの人生の目的ともいえる。幸せは、「happy」（形容詞）の名詞形「happiness」と訳される。ただ、「happiness」に「嬉しい」「楽しい」などの意味も含まれていることから心理学では、あくまでも感情的で一瞬しか続かない幸せを指すとの解釈から、いま心理学の幸福に関する研究ではHappinessではなくウェルビーイング（well-being）とされている。ウェルビーイングは、世界保健機関（一九四八年）により「健康とは、病気でないとか、弱っていないということではなく、肉体的にも、精神的にも、そして社会的にも、すべてが満たされた状態」と定義されている。ここでいわれる社会的とは、広い意味で人とのつながりを指している。

実際、私たちは、人の援助なしには、健康の維持も、病気からの回復も困難だ。読者も自分が生まれたばかりの頃のことは誰も覚えてはいないだろう。生まれたての赤ちゃんが命を維持させるためには、常に無条件で注目して、些細な変調に即応してくれる人の存在が不可欠だ。どうにかこうにか言葉らしきものを口にできるようになっても、乳・幼児は自分のことをうまく相手に伝えられない。そんなときに、いつも自分のことをわかろうとしてくれる人がいてくれたか否かは、その後の人生における対人関係に大きく影響する。未熟な自分の困窮事態を無条件に理解してもらえた経験の積み重ねを通じて得た「安心して委ねられる人」に対して抱く情愛的絆を愛着という（Bowlby. J.1969）。モテたいの原点をここに求めることができる。

「モテたい気持ちはあるけど、今までさんざん傷ついたから人は苦手」「人には会いたいので表面的な付き合いはするけど必ず疲れる」「そんな自分だけど、あの人と会えば元気になれる」など、対人関係から受ける個人の影響は人さまざまだ。その

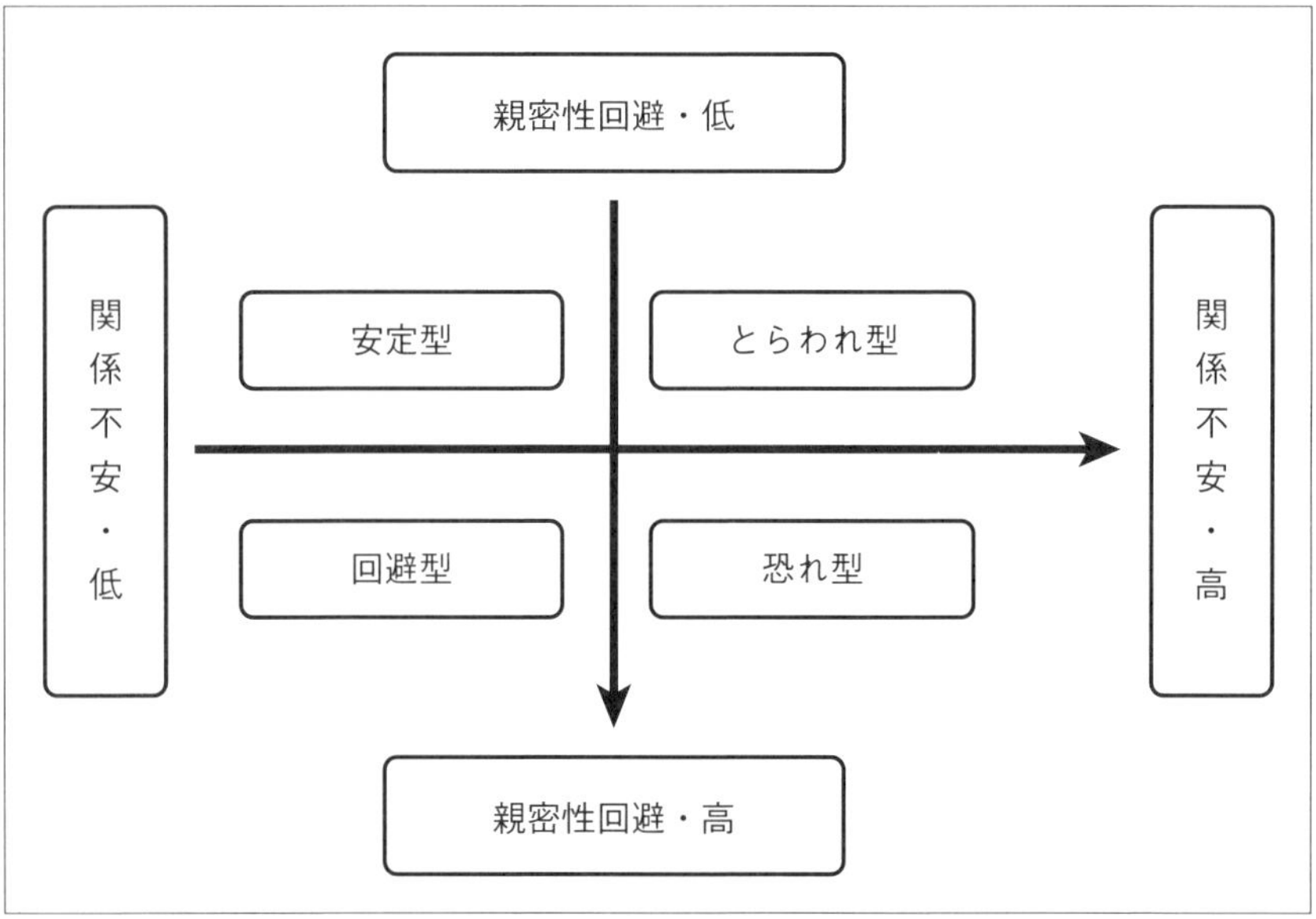

図1　成人の愛着スタイル（Bartholomew & Horowitz（1998）を基に作成）

理由を説明する理論に前述のボウルビィ（Bowlby. J. 1969）の愛着理論を発展させた成人の愛着理論がある（Bartholomew & Horowitz 1991）。

先述のように、私たちの命は中心となってケアをしてくれる人（母・父・その他の家族など）たちの慈愛のこもった援助によって育まれてきた（だがいくら愛しているからといってもパーフェクトなケアは難しい）。そのケアの与えられ方によって愛着（ケアを求めるスタイル）は大きく四つの異なるタイプに分類される（図1参照）。

心身の変化に敏感に反応してグッドタイミングでジャストフィットな援助を与えられることにより生成される愛着スタイルを「安定型」という。生育後も不安が低く、人を無意味に怖がったり避けたりする気持になりにくく、安定した日常生活を送っている。素直でいろんなことに関心を持ち、意欲的もあり一般的に「人は信頼できる」といった信念を持っているとされている。したがって図1では関係についての不安は低く、親密になることを避ける可能性も低い左上に布置される。

安定型に対してその生育過程で個人とケアしてくれる人のどちらかまはた双方に何らかの問題があった場合には、「とらわれ型」「回避型」「恐れ型」といった三つのタイプの異なる対人スタイルが形成される可能性が高くなる。

とらわれ型は、「自分は愛される価値がない」といった信念が強いため何をするにも不安が強くて絶えずまわりに気を使い、相手の反応に右往左往してしまいがち。特に、親しくなった人から些細なことでも拒否されることを極端に恐れるため、極端な場合は、いつでも、何もかも一緒にしたいといった依存関係を好む。不安が強いため、誰かにすがりたい気持ちも強く、誰に対しても交換される普通の好意を恋愛感情と誤解することも少なくない。したがって図1では関係不安が高いが、親密になることについては不安は低い右上に布置される。

回避型は日常的に起きる葛藤を事前に避け、遠ざけたいと考えるために人を避ける行動傾向が強い。友人や恋人との関係でも、大切にしたいという感情はあるがバリアが強くてある一線は越えないし、相手にも越えさせないため、刹那的でころころ相手を変える。図1では、関係することについては不安が低いが、親密になることへの回避傾向が高い左下に布置される。

恐れ型は、愛着不安と愛着回避が混在する。常に周囲の人の反応に敏感で見捨てられたくないという思いが強い一方で、友達や恋人ができても、その関係を避けて、「独りでいたい」「誰にも会いたくない」その一方で「誰も私を大事にしてくれない」「ほんとの友人（恋人）なんかいない」といったアンビバレントな二つの不安を同時に抱えている。そのため親密になることについても不安が高く、親密になることへの回避傾向も高くなる。図1では右下に布置される。

愛着とはケア（＝援助）を求めることである、そしてジャストフィットのケアがグッドタイミングでなされれば、安定型となる。冒頭で述べたように私たちはお互いに援助の交換なしに命を維持できない。モテるモテないが気になるのは、ジャストフィットのケアがグッドタイミングできるか否かにありそうだ。

孤独を理解し自立している人はモテる

本章の冒頭で、人はさびしがりやだと述べた。さびしがりやの心を考える心理学のキーワードに孤独感がある。孤独感は、Ａ、Ｂ、Ｃ、Ｄの四つのタイプに分けることができる（落合 一九七四、一九八三）。Ａ型は、人間同士は一心同体すなわち完全にお互い理解し合えるはずと思いこみ人間の個別性に気づいていないタイプ。Ｂ型は、完全には理解し合えるとは思わないけど、感情や行動については個別性に気づいていないタイプ。Ｃ型は、人間同士は理解できないと思い、個別性に気づいているタイプ。Ｄ型は、人間同士は理解し合えると思い、かつ個々独自の存在であることに気づいているタイプとなる。

誰かにべったり依存していたＡ型から、「私のことなんか誰もわかってくれない」けど一緒に居たいアンビバレントなＢ型。「結局は誰ともわかり合えることができなかった」「人を信じて損した」といった経験ばかりが積み重なって人間嫌いとなり厭世的なＣ型。人は一人ひとり別個の人生を歩む存在であるという意味で孤独感を理解したＤ型の順に成熟していくことが期待される。しかし、対人関係には相性がある。例えば、Ｃ型は、あまり人を寄せつけないか、付き合っても距離を詰めることもせず、詰められそうになっても回避するだろう。Ａ型同士だと自分たちほどわかり合える関係はないとの思いから他を寄せ付けないカップル自閉（筆者の命名）になったりお互いに束縛が強くなるだろう。Ｂ型同士については、一緒に居られるかどうかが関係の発展性を左右するだろう。Ａ型とＢ型の場合は少し冷めた感じのＢ型にＡ型が違和感を感じながらも一緒に居るだろうし、Ａ型とＤ型、Ｂ型とＤ型だとＡ型・Ｂ型は物足りないと思うかもしれない。成熟した人の付き合いはＤ型同士となるだろう。さびしいからといって誰とでもくっつけばいいとは限らないのだ。

各々のじりつ性を無視すれば窮屈になる。「じりつ」という言葉には自立と自律の二つの表記がある。その関係は図2のように示せる。英語ではじりつを、誰にも頼らないことを意味するIndependenceと、自分の感情や行動を自分でコントロールすることを意味するAutonomousに区別する。日本では前者の「自立とは人に頼らずに生きることだ。」と理解している人が多いように思われる。しかし、本章で繰り返し述べてきたように人は人との関係なしに心身の健康はもとより生命の維持すら難しい。人生百年時代といわれる長い人生で旧知の関係を断って、その後の人生を歩まなければならない局面は誰にも訪れる。これから進学や就職を控える人たちは誰もあなたのことを知らない環境で勉強や仕事、生活をしなければならないこともある。「いつまでもあると思うな親と金」という言葉がある。孤独を受け入れ、年齢に関係なく未知の人との出会いの中で新たな支え合える関係をつくり私たちはウェルビーイング（幸福）を目指して生きている。誰しも出会いは緊張するし、不安でもある。その気持ちをコントロールしてつながるためには、お互いの「あいさつ」から始まる。そこには自分を律する自律が求められる。自律できなければ自立は実現しない。図2で示したように自立は自律に内包される。

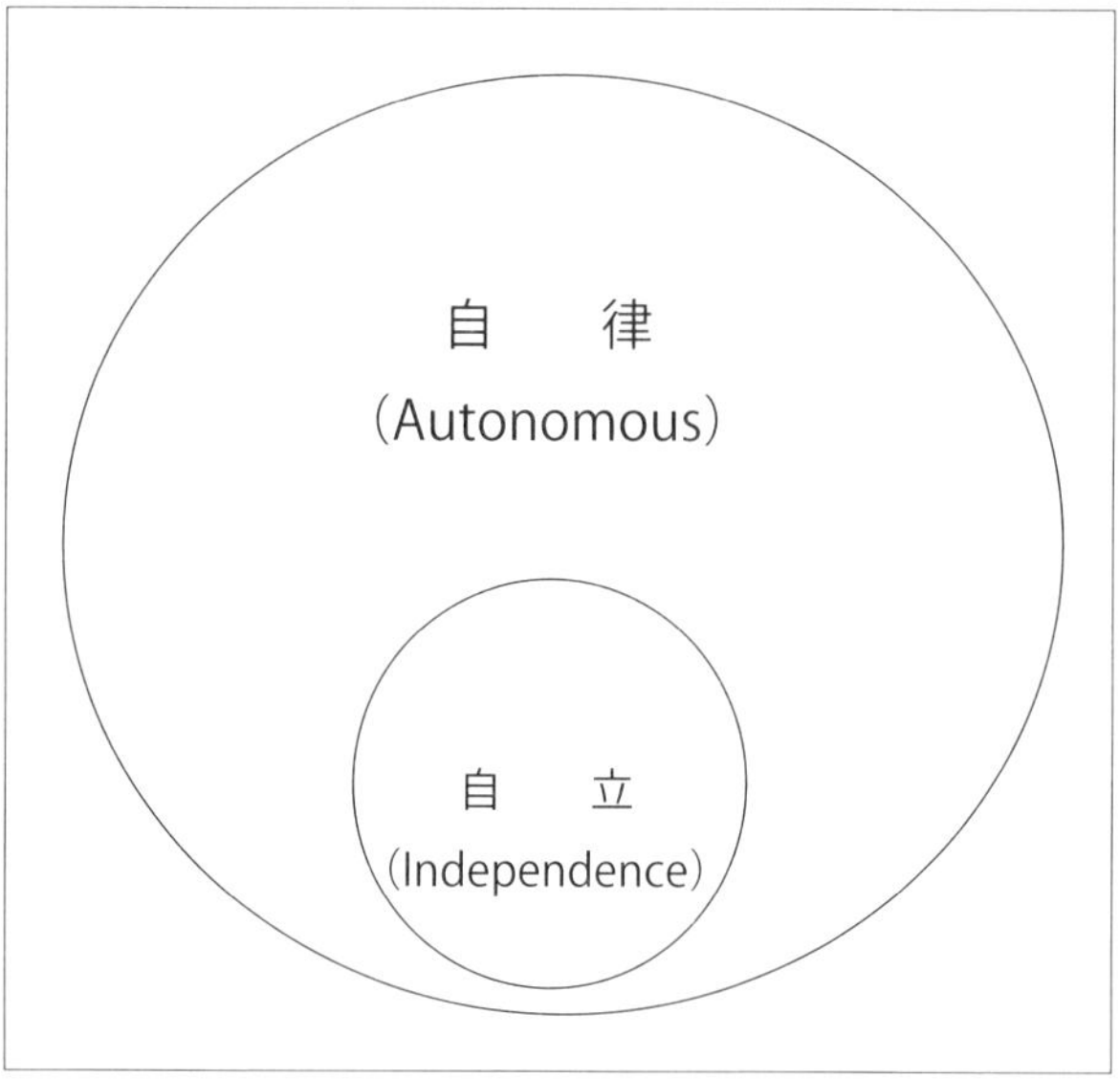

図2　自立と自律

「モテる」を何も言わなくても誰かが自分に関心を持ってくれて自分の意をくんでケアしてくれること

と受け身で思っている人が少なからずいるが、それは大きな誤解だ。何も言わない何もしない人は、見た目だけで判断するしかない。見た目で判断して近づいたところが思っていたような人ではなかった。こんな経験は多くの人が少なからずしていることと思う。モテるは、相互にピッタリくる瞬間に感じる援助授受の予感とも言い換えられる。

独りで生きていく（旧知の人と別れて、未知の人たちと生きていく）ためには、お互いがどのように協力し合えるか、すなわち助け合えるかを知る必要がある。助け合うことは援助とそれを受け取ることを意味し援助授受と表現される。このバランスがモテるモテないに関係する。

二　支え合いからつながる心

援助行動の成功と失敗

「情けは人のためならず」とは、他人に情けをかけることは、その人のためばかりではなくて、いずれは巡り巡って自分にも返ってくるから、自分のためでもあることを諭した日本語のことわざだ。そこで言われる「情け」を人の援助と解釈すれば、誰かのためにと思い実行する援助行動は、成功すれば他者から感謝される。感謝は心理学的に「他者の善意によって自己が利益を得ていることを認知することで生じるポジティブな感情」と定義されている（Tsang 2006）。すなわち、損得抜きで善意から人を助ける人は、周囲の人からポジティブな注目を集めることとなる。

ただ、ポジティブな注目を集めて「モテる」ためには、その援助が「成功すれば」という条件がつく。

独りよがりの援助行動は親切の押し売りだとか、要らぬおせっかいとなり人を傷つける。社会の役に立つ人間になりたい、人に感謝される人間になりたい、まして好きな人がいたらなおさらその人のために何かしてあげたいのは人情だ。この人情がモテたい心理の根幹にある。

援助を成功させるためには、その人が援助を求めている意図を察知することから始めなくてはならない。第一節の「つながりを求める心「愛着」スタイル」の項でも触れたように、その人の援助を求める言動が何を意図しているかを理解してジャストフィットな援助がグッドタイミングで実行されれば、援助を求めた人は芯から救われ、結果として感謝される。そしてその援助は成功したと評価できる。いろんな意味で不安な私たちは心の安定を与えてくれる人と一緒に居ることを望んでいる。

以上から日常の対人関係で援助を成功させるためには相手（援助を求める人）の意図の理解が不可欠だ。困っている人への援助行動はその人が助けてほしいように助けないことには、心はつながらない。

助けを求めるその意図の解釈には援助する人とされる人、双方の性別や年齢、その場の状況も関係する。例えば、つまずいてこけてしまった人が若い女性か高齢の男性かでは、援助する人やその方法も異なることは想像できるだろう。

ただ、震災や事故など緊急事態での援助は先にあげた条件を超えて実行される。これは、人の本能であり、援助を受けた人はお返し（返報行動）へと動機づけられる（太田 二〇一九ａ）。人の援助には感謝を忘れないこと。感謝されれば、いい気持ちになれるし、感謝してくれた人のことは好意的に評価する。それだけでなく感謝は、肯定的感情であるため、自分自身の精神的健康も高める。感謝することで相手からさらに恩恵を受けたり、対人関係がよくなるなど社会的な報酬が得られる（有光 二〇一〇）すなわち、人に素直に「ありがとう」といえる人はモテるのだ。

このように援助の授受には、いろんな側面がある。先の孤独感でも触れられていたように、自分にできることや自分で判断すべきことでも人に依存して、なんでもかんでも「質問、相談、依頼」する（依存的援助要請）人といろいろ自分でやってみたけどうまくいかないから援助を求めてくる（自立的援助要請）人への援助では、その質は異なる。さらに太田（二〇一九b）は、援助要請は単純に依存と自立の二つに分けられるのではなく、他者との関係を忖度《そんたく》する意図でなされるソーシャルスキルとしての側面があることを指摘している。ソーシャルスキルとは、さまざまな定義があるが「対人関係を円滑にするために個人がコントロールする考え方や行動」だ。技術だから、持ってない人は習って練習すれば身に付けることができる点がその特徴といえる。

人は頼られるとうれしい。誰かに相談に乗ってほしいといわれれば自分はこの人に信頼されているんだと実感もする。そしてその内容が自分でできることであったりすると、両者の関係の親密さに由来するものだと理解して「あの人の言うことだから、まぁいいか」と少々依存気味の援助要請でも応える。援助要請したほうも「この人だったら、少々甘えてもいいかな」と忖度しつつ求めている。こういったお互いの忖度に介在された援助授受はお互いの関係をさらに親密にするソーシャルスキルといえる。

心理学的に言い換えれば相手がしてほしい程度にタイミングや頻度が調節されて実行されることで、相手の心は救われ援助者と心がつながるということになる。

恋愛観のマッチング

本章の「モテるモテない」に最も近いイメージに恋愛感情がある。恋愛という言葉からは、妄想や憧れ、友愛、束縛、ゲーム、生きる手段、などなど人によってさまざまなイメージが連想されるかもしれない。ジョン・アラン・リー（Lee 1977）は愛に関する多くの文献をもとに恋愛を以下の六つに分類している。

①エロス（美への恋）型　ロマンチックな考え方や行動を好み、「恋愛をしていなければ生きていけない」と考えるので、自分が好む相手の外見などイメージにこだわる。付き合ってもいないのに好きになる「ひと目ぼれ」が多い人。

②マニア（狂気的な愛）型　友人や恋人に対する独占欲が強く、相手に対して強い嫉妬心を持つ。私たちは相手とどのような関係にあっても、他者の感情や行動を完全に支配することはできない。したがって、自分の思い通りのスタイルで相手が自分に恋してくれることは保障されない。思い通りに相手がならないことを裏切られたと思い込み傷ついて悲哀の感情を負ったり、憎しみや怨恨感情を持ちやすい。

③アガペ（愛他的な愛）型　恋する人の幸せが自分の幸せとの思いが先行し、自分はさておき、相手の欲求を最優先する。恋愛は相互に尊重されることで、関係性の維持・発展が期待される。アガペには相手のいいなりになって自分で自分をコントロールできなくなる危険性が潜在しているともいえる。

④ルダス（遊びの恋）型　ゲーム感覚で浅く広く恋愛をするので、その場その場で恋する人ともいえる。②のマニアと正反対で相手に距離をとった付き合いを好む。

⑤ストルゲ（友愛的な愛）型　激情型の恋愛は苦手で、普通の友達関係から年月を経て恋愛関係にある

ことに気付く。

⑥プラグマ（実利的な愛）型　恋愛感情もあるが最優先事項ではない。自分が人生を送るうえで相手がどのように有効かを考え、選択基準とする。

このように、類型化された恋愛スタイルについて知ることは、必ずしも相手が自分と同じように恋しているワケではないことを理解するのに役立つ。筆者は、実際に卒論指導で大学生の恋愛が上記の六類型に分割できるか否かについて調査、分析したことがあったが、明確には分割できなかった。実際の恋愛感情には、六つのスタイルが混在する。さらには、恋愛の進展過程で優性となるスタイルがあることが予測される。また、図3に示したように六つのスタイルは円環に布置され、図の対角線上に位置する恋愛型は、基本的に相性が悪いとされる。お互いの現在の恋愛スタイルの傾向でどのスタイルが優勢かを知ることで関係性を理解し、調整に役立てることができるかもしれない。

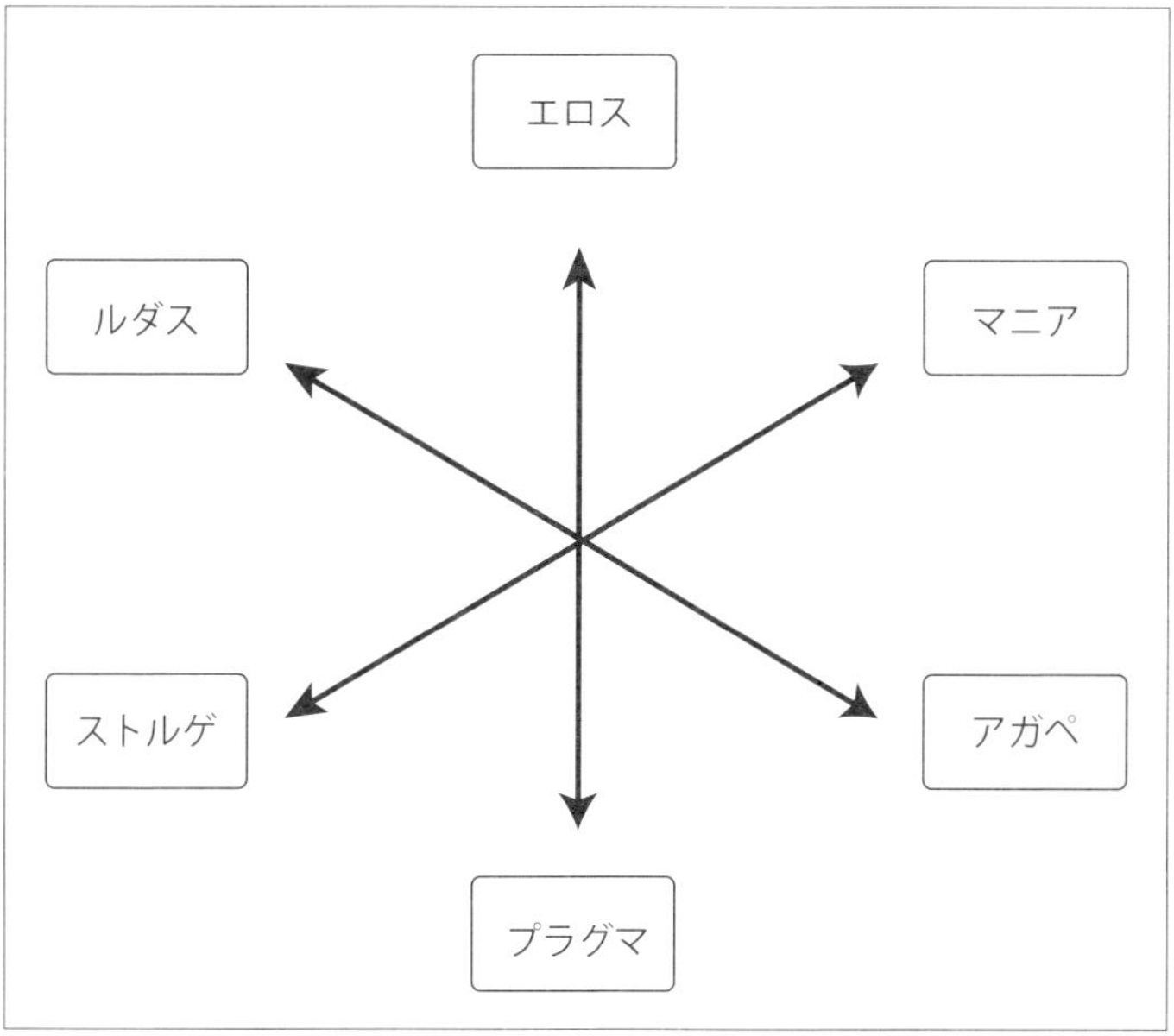

図3　恋愛スタイルの円環

三　「愛の反対は憎しみではなく、無関心である」

心の「四つの窓」

節見出しの言葉は、貧しい人や難病患者らの救済に生涯をささげ、ノーベル平和賞を受賞したマザー・テレサ（一九一〇－一九九七）の言葉だ。人間の最大の苦しみと悲惨は、自分が誰にも見向きもされないと感じること、本章のテーマからいえば世界中の誰からも関心を持たれない、まったくモテないと感じる絶望だ。

私たち人間は、独りぼっちだととてつもなく弱い。本章でも人は、誰かの援助なしに生きていくことはできないことを繰り返し述べてきた。人に関心を向けられることで自分でも気づかなかった自分の可能性が開くことがある。この出会いがなければ、今の私はなかったという出会いである。

私たちは、自分のことは自分が一番わかっているつもりだ。それは、誰にも明かしていない自分があるからだ。でも、その一方で他の人にどのように思われているのか気になる。自分では気づいていない姿があるからだ。そして、人生の時間の経過の中で自分がこんなふうになるとは思わなかったと、われとわが身を振り返ることがある。その契機は、多くの場合人との出会いによってもたらされる。それは、自分はもちろん、他の人も気づいていなかった心の窓が未知の人との出会いによって開かれる出合いの時ともいえよう。

ジョセフ・ルフトとハリー・インガム（Luft & Ingham 1955）は、自分の性質や能力を、自分自身でわかっている部分とわかっていない部分、他人がわかっている部分とわかっていない部分の組み合わせによって、人間の心には四つの窓があると考え、二人の名前から「ジョハリの窓」と名づけた。四つの窓は、①自分も他の人も知っている解放の窓（=open《オープン》 self《セルフ》）、②他の人は知っているが自分は気づいていない盲点の窓（=blind《ブラインド》 self《セルフ》）、③他の人は知らない自分だけが知っている隠された窓（=hidden《ヒドゥン》 self《セルフ》）、④自分も他の人も知らない未知の窓（=unknown《アンノウン》 self《セルフ》）と命名されている。

「盲点の窓」や「秘密の窓」が大きい人は、人からの指摘や隠し事が多いため対人ストレスを感じやすく、「開放の窓」が対人関係で自分の可能性が拓かれていくことに喜びを感じる対人関係＝社会という観点から向社会的な人といえる。モテるモテないの観点に換言すれば、いくら見てくれが素晴らしく魅力的でも隠し事が多かったり、うそやはったりが多い人や、人から少し突っ込まれるとマジ切れする人は、心の窓が閉ざされていたり隠している人で、せっかくの魅力が半減する。モテてるつもりでも、心の窓が開かれていない人、開こうとしない人は結局、幻滅されて心をつなぐことができない人といえよう。

ほめることと叱ること

モテるために誰かを叱ることとほめること、どちらかを選ぶとしたら多くの人はほめるほうを選ぶだろう。ほめることは、その人のいいところをみつけてあげることだ。ほめられた人は、ほめてくれたあなたのことを自分の価値を認めてくれるいい人だと肯定的な感情を持つだろう。ほめることは、人を価値ある存在として認める直接行動だ。特に、先のジョハリの窓で紹介した、相手やその他の人も気づいていない未知の窓を開くことにつながり、ほめることは効果的だ。

では、自分がほめられた場合はどうだろう。多くの人は、「そんなことないよ。」とか「○○のほうこそ」

とほめ返してしまう。日本では謙遜の美徳と言われ、相手からほめられても、おごらず自分のことを控えめに言ったり、一歩下がって相手を立てたりするのが良いとされている。これは、他人の嫉妬から自分を守るためで、「謙遜することは自己防衛の手段」とも言える。本来、謙遜の目的は「他人から嫌われないため」「他人から好かれるため」にといった意図により行われる。つまり「謙遜する＝他人に好かれたい」という潜在的意味がある。しかし、あまり謙遜しすぎると、逆に嫌われてしまうこともある。謙遜の意図を理解していることから過剰な謙遜は嫌味となる。相手がほめてくれたときは、一度は謙遜するものの、「でも、そう言ってもらえるとうれしい」などのように返すと、相手は喜びを与えたことに自尊心を高揚させることもでき、その反応に好印象を持つ。

　ほめる・ほめられることが互いの心をつなぐためにはその前段階で出会いのあいさつから始まり、何かを一緒にする機会や共同作業を通じて、お互いの価値や判断の情報収集が必要だ。これらの交流を通じて得た情報による援助の忖度は、他の人にはわかりにくい相手のつらさしんどさの解釈に役立つ。「よくがんばったね」とか「良かったね」「すごい」など単語で単純に結果をほめるのではなく、「○○さんの日々の努力が才能を開かせたんだね、私もうれしい」と、相手の努力や苦労を慮り、大切にしているということを伝えることができる人はモテるだろう。

　それに比べて、叱られることは、その人に否定的な評価を与えることだ。叱った人からきっと嫌われるだろうから人を叱るなんてことはできることとならしたくない。加えて、前々からその人との関係性があまり良くなかったり、付き合いが浅かったりすると相手を叱ると傷つけるだけになってしまう。そして、叱られたほうは、攻撃されたと思い反発したり恨んだりすることがある。

実は、叱りには二つの要素があって一つは先述の否定的な評価を与えることの他に、相手への期待を込めた援助としての叱りがある。ルールやマナー、道徳的規準からみて、その人がこれから言動を修正してほしいという願いをこめた叱りだ。「私の知っているあなたは、こんなことをする人ではないはずだ。あなたの実力はこんな程度ではないでしょ」といった先生からの叱りは、自分のことを理解してくれている人にしかできない叱りである。阿部・太田（二〇一四）は、中学を対象とした調査研究で先生に叱られた経験がその後の対人行動に与える影響を明らかにしている。その調査結果では、あまり交流のない先生に叱られる場合は、感情的な叱りであるとか、先生が自分の対面を保つために叱っているといったように、叱りを不当な行為として受け止めている。一方で、日常に交流のある先生から叱られる場合、生徒は先生は自分のことを思って叱ってくれていると正当な行為として受け止めていた。そして、正当な叱りとして受け止めた場合は、その先生に援助を求めることを明らかにしている。すなわち、人は交流の進展とともに、一般的には忌避される「叱り」でさえ、相互に価値ある存在として認めることの表明として理解することを示している。このような期待を込めた叱りができる先生は、生徒が助けを求めやすいモテる先生といえよう。

四　まとめ

筆者は、対人関係に関する講演依頼を年間で二〇回ほど受ける。その講演で中高生からシニア世代まで年齢にかかわりなく最も人気のタイトルが本章のタイトルである「なぜかモテる子モテない子」である。

モテるモテないは、人生の大問題であり、いくつになってもモテたい気持ちに変わりがないと講演のたびに実感する。

確かに、モテないよりモテたほうがいいに決まってる。でも、どんなふうにモテたいかは人によって違う。単に注目されたいだけなのか。誰かに頼りにされたい、できればその人にとって大切な人になりたいのか。どちらにしても、人にモテたいのは親密な関係に発展することを予期した欲求であることに違いない。そして、親密になれたパートナーとはお互い生きがいを与え合うこととなる。本章が、日常の対人関係にそういった意味を見出す心理学的アプローチへの関心の窓を開くことを期待している。

〔引用・参考文献〕

Bowlby, J. (1969). *Attachment*. Attachment and loss: Vol. 1. Loss. New York: Basic Books.

Bartholomew, K., & Horowitz, L. M. (1991). Attachment styles among young adults: A test of a four-category model. *Journal of Personality and Social Psychology*.

Baumeister, R. F. (1982). A self-presentational view of social phenomena. *Psychological Bulletin*, **91**, 3-26.

Harris, C. R., & Darby, R. S. (2010). Jealousy in adulthood. In S. L. Hart & M. Legerstee (Eds.), *Handbook of Jealousy: Theory, Research, and Multidisciplinary Approaches*. West Suzzex, UK. Blackwell Publishing, pp. 547–571.

Lee, John A : A typology of Love Styles (1976) に関する内容については、松井豊（1993）『恋ごころの科学』サイエンス社から引用

Luft, J., & Ingham, H.(1955). The Johari Window: a graphic model of awareness in interpersonal relations. *Proceedings of the Western Training Laboratory in Group Development*. Los Angeles: University of California, Los Angeles.

Tsang, J. (2006). Gratitude and prosocial behavior: An experiment test of gratitude. *Cognition and Emotion*, 20, 138-148.

太田仁（二〇一九a）「助けを求めにくい子どもたち」『支えあいからつながる心』ナカニシヤ出版、第5章。

太田仁（二〇一九b）「支えあえる心が見えにくい時代」『支えあいからつながる心』ナカニシヤ出版、第1章。

有光興記（二〇一〇）「ポジティブな自己意識的感情の発達」『心理学評論』五三巻一号、一二四－一三九頁。

阿部晋吾・太田仁（二〇一四）「中学生の叱られ経験後の援助要請態度―自己愛傾向による差異―」『教育心理学研究』六二巻四号、二九四－三〇四頁。

第2章 男性による育児休業の取得を阻む心理的障壁

宮島《みやじま》 健《たける》

一 日本の男性による育児休業

日本の男性による育児休業と性別役割分業意識

「男は仕事、女は家庭」という言葉が表すように、しばしば、夫婦の家庭内の役割は性別に基づき決定されてきた。すなわち、男性は外で働いて収入を得ることに責任を持ち、女性は家で家事や育児などに専念し、家族の世話をすることこそが責任だという考え方である。かつては、当たり前のものとみなされていた、こうした「性別役割分業」を支持する価値観は、今日では薄れているといえるだろう。実際、日本における夫婦共働きの世帯数は、年を追うごとに増加傾向にある。内閣府男女共同参画局（二〇一九）によれば、一九八〇年には「男性雇用者と無業の妻から成る世帯（専業主婦世帯）」の数は一一一四万世帯に対して、「雇用者の共働き世帯」の数は六一四万世帯と、圧倒的に女性が結婚後に専業主婦となる世帯が多かった。しかし、一九九七年には専業主婦世帯の数は九二一万世帯で、共働き世帯の数は九四九万世帯と、初めて世帯数に逆転現象が生じた。専業主婦世帯と共働き世帯の世帯数の差は、この後拡大していき、二〇一八年には、専業主婦世帯数は六〇六万世帯に対して、共働き世帯数は一二一九万世帯と、大きな差が開くようになった。

　夫婦共働き世帯の増加に対応するように、女性が職業を持つことに対する意識が、年々変化していることが示唆されている（内閣府男女共同参画局 二〇一九）。具体的には、「子供ができても、ずっと職業を続ける方がよい」という考えを支持する人の割合が、一九九二年には女性の二六・三％、男性の一九・八％のみだったのが、二〇〇四年の時点では女性の四一・九％、男性の三八・六％へと増加した。二〇一六年には、女性の五五・三％、男性の五二・九％と、男女ともにはじめて五割を上回る結果となった（内閣府男女共同参画局 二〇一九）。また、おそらく多くの方々に馴染みがあると思うが、子育てに積極的に参加する男性を指す「イクメン」という言葉が、二〇〇〇年代以降、急速に社会に普及し、浸透するようになった。二〇一〇年には「イクメン」という言葉が新語・流行語大賞のトップテンに選ばれるなど、家事や育児など、従来の男性的なステレオタイプに合致しない行動をとる男性や父親に対する世間の関心は高まってきたといえよう。

　出産後も働きつづける女性を支持する割合が、現在では多数派を占めるに至ったにもかかわらず、日本の男性による育児休業の取得率は、長年にわたって低迷している（図1）。男性による近年の取得率は増加傾向にあり、毎年、過去最高記録を樹立している。しかしながら、取得率はほぼ横ばいで、一〇％を上回った年はまだ一度もないのが現状である。この数値は、女性の取得率が過去十年以上にわたって、常に取得率が八割超であることと比較すると、きわめて低い値である。このデータは、子育てが女性に偏重していることを示しているとみてよいだろう。

日本では男性による育児休業の取得率が女性と比較して低いことは理解できるが、では、こうした傾向は国際的にみるとどうなのだろうか。残念なことに、他の先進国と比較してみても、日本の男性による取得率は低いといわざるを得ないようである（OECD Family Database 2019）。ＯＥＣＤ加盟国のうち、給付金のある育児休業の利用に関するデータはごく一部の国でしか得られていないものの、その報告によれば、多くの国で一般的に父親による育児休業が十分に利用されていることが示唆されている。ＯＥＣＤ加盟国一一か国の平均では、出生百人につき有給の父親向け育休の利用者が五五人となっている。これは言い換えれば、約二人の子どもが生まれるごとに約一人が公的な父親向け育児休業を請求、あるいは実際に利用していることになる。フィンランドとスウェーデンでは、出生百人あたりの利用者が約七五人にのぼり、スロベニアでは出生百人あたり九二人となっている。各国によって男性の育児休業に関する制度が異なるため、単純な比較は難しいかもしれないが、これらのデータは、

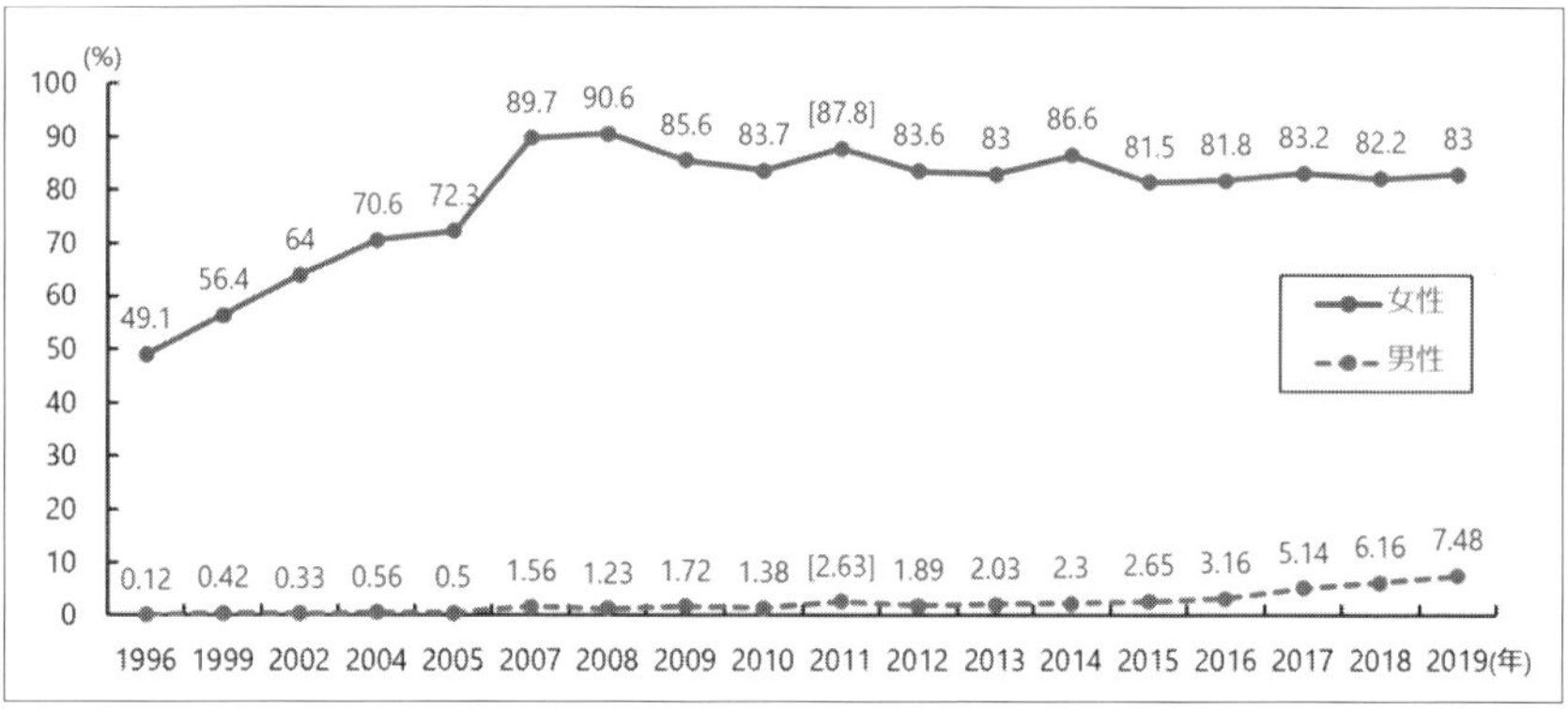

図1　育児休業取得率の推移（2011のみ岩手県、宮城県、福島県を除く全国の結果）

父親による育児休業の取得が、国際的にみても普及していることを示唆している。

日本の男性による育児休業を妨げている要因とは

では、ここからは、なぜ日本の男性による育休取得率が低いのか、その原因について考えてみよう。一つの問題についてさまざまな視点から検討することは、問題を深く理解するうえで重要なことである。本章では、「法律や制度」、「男性一人ひとりの意識」、そして「職場の雰囲気」の三点から考えてみる。

第一に考えられるのは、日本では、男性が育休を取得するための法律や制度が十分に整っていないことが、取得を阻害しているという可能性である。たしかに、男性による育休取得が盛んな北欧は、社会福祉が手厚いイメージがある。日本にはまだ十分な法律や制度が確立されていないために、多くの父親たちは取得したくてもできないのかもしれない。実際のところ、日本でも「育児・介護休業法」という法律が整備されており、一歳に満たない子どもを養育する親であれば、性別に関係なく育児休業を取得できる対象となる。ただし、この点に少しだけ付け加えると、育児休業を取得できるのは同一の事業主に引き続き一年以上雇用されていることが条件となるため、転職して間もない人や転職を考えている人は、注意が必要である。つまり、言い換えると、父親か母親かは関係なく、育児を理由に休職することが日本でも法律で保障されているのである。

ここで、「保障とはいっても、中身はそれほど充実してはいないのではないか」と思った方もいるだろう。意外に思われるかもしれないが、日本の育休制度はかなり充実している。取得が可能な期間や、取得に伴って支給される育休給付金の給料に対する割合は、実は先進国の中でもかなり上位にあることが示されている。さまざまな国の父親向け育休週数や育休期間中の給付金が給料に対してどの程度の割合なのかを整理したグラフをみてみよう（図2）。これはOECD Family Database（2019）で公開されているデータをもとに著者が作成したものである。詳しくデータを見てみると、日本において父親が

図2　男性に割り当てられた育休期間と給付金額

取得可能な育休取得週数は約五二週で、これは、OECDとEUへの加盟国中第一位の韓国とほぼ変わらない水準である。育休給付金の給料に対する割合は、育休取得期間が短い国ほど高い傾向にあるが、日本は約六割弱で、これは男性による育休が盛んな北欧諸国と並ぶ水準である。ユニセフの子育て支援策に関する報告書によれば、OECDとEUに加盟している四一か国中、日本の男性向け育児休業制度は最も高い評価を得ている（Chzhen, Gromada & Rees 2019）。つまり、国際的にみても、日本の父親向け育休制度はかなり充実しているとみなせるのである。

　第二に考えられる要因は、日本人の男性の間ではいまだに「男は仕事、女は家庭」というような保守的な価値観が根強く支持されているという可能性である。これはいくつかの世論調査をみると、必ずしも正しくはないようである。政府による世論調査（内閣府男女共同参画局 二〇一九）によれば、「夫は外で働き、妻は家庭を守るべきである」という伝統的な性役割分業観について「賛成」または「どちらかといえば賛成」を選んだ割合は、一九七九年には女性の七〇・一%、男性の七五・六%にものぼった。しかし、二〇〇二年には、「賛成」または「どちらかといえば賛成」を選んだ割合は、女性の四三・三%、男性の五一・三%だが、そうした考え方に「反対」または「どちらかといえば反対」と回答した同年の割合は、女性の五一・一%、男性では四二・一%と性役割分業意識が大きく変化している。なお、二〇一六年には、「賛成」または「どちらかといえば賛成」を選んだ割合は、女性の三七・〇%、男性の四四・七%だが、そうした考え方に「反対」または「どちらかといえば反対」と回答した同年の割合は、女性の五八・五%、男性では四九・四%と、男女ともに、そうした考え方に反対する割合が賛成する割合を大きく上回るようになっている。

　また、NetMileリサーチ（二〇〇九）による調査からは、男性就労者の過半数が、子どもが生まれたときには育休を取得したいと望んでいることが明らかにされている。こうした傾向は、特に二〇代の若い男性就労者において、顕著にみられたことも報告されている。さらに、日本生産性本部（二〇一七）は入社半年後の新入社員を対象にアンケートを実施し、男性社員の七九・五％が、子どもが生まれたときには育休を取得したいと回答したことを報告した。この結果は、調査を始めた二〇一一年から過去最高の値だった。これらの調査結果から、年を追うごとに、男性による育児休業の取得意識は、特に若い世代を中心に向上しているといえるだろう。こうした傾向は若い男性従業員だけではない。三五歳以上の男性就労者を対象に調査したところ、八六％もの社員が育休の取得を希望していることが明らかにされている（エン・ジャパン 二〇一九）。すなわち、これらの調査からは、男性の育休に対する価値観は、好ましい方向へとシフトしているといえるのである。

　第三に考えられる要因は、いわゆる「男性による育児休業がしにくい〝雰囲気〟や〝空気〟」の存在である。厚生労働省（二〇一八）の調査から、「男性社員が育休を取得しなかった理由」をみてみよう。第一位に挙げられるのは、「業務が繁忙で職場の人手が不足していた」という理由で、ほぼ同率で二位だったのが「職場が育児休業を取得しづらい雰囲気だった」となっている。先ほどのエン・ジャパン（二〇一九）の調査では、「社内に育休自体を取りやすい雰囲気がない」が男性の育休取得率が低い理由の第一位として挙げられている。

　日本に限らず、海外の育休に関する研究からも、上司や同僚が育休に対して好意的かどうかが、男性従業員による育休取得を左右する重要な要因となることが示唆されている。例えば、上司や同僚から否定的に評価されることを恐れて、フレキシブルワークなどの働き方の利用を思いとどまるという心理過程が存在することが示唆されている（Vandello, Hettinger, Bosson & Siddiqi 2013）。ウエダとクロサワ（Ueda &

Kurosawa 2012）は、従業員として劣っているとか不誠実だとみなされることへの恐れが、育休取得を阻害する要因となっているかどうかを実証的に検討した。その結果、組織が従業員のワーク・ライフ・バランスに肯定的だと知覚している従業員ほど、育休をより頻繁に取得する傾向にあることが明らかとなった。こうした傾向は、男女にかかわらずみられることも示された。同僚や上司が、育休などの制度を利用することに対してサポーティブだと、制度の利用が促されることはその他の研究からも示されている（Blair-Loy & Wharton 2002）。ダールらの研究グループ（Dahl et al. 2014）は上司や同僚が育休を取得すると、男性個人の取得もまた促されることを明らかにした。周囲からの反応を度外視して、育休を取得するというのは、容易なことではないのである。

先に、時代の変化とともに男性の価値観が変容したことが示唆されていると示したが、それが本当だとすれば、男性就労者たちはどのようにして、育休を取得しにくい雰囲気を感じ取っているのだろうか。「育休を取得する」という行動は、伝統的な「男性的ステレオタイプ」や「社会的役割」からは逸脱した行為であるために、否定的に評価されるのではないか、と男性たちは予期してしまうものと考えられる。ただし、私たちは他者からの反応を、常に正確に予見できるわけではない。育休を取得すれば周囲から否定的に評価されてしまうというのが、単なる思い込みにすぎないという可能性はないだろうか。

二　男性による育児休業の取得を阻む心理的障壁

本章では、日本の男性による育児休業が低迷している要因として、「男性の育休に対する他者の意見や見解」を男性就労者たちが正しく認識できておらず、この誤った思い込みが取得にブレーキをかけている可能性に注目する。社会心理学者たちは、人びとがある社会規範や文化を受け入れておらずとも、お互いの意見や見解を「誤解」し合い、さらに、その誤解に基づいた行動が集合的に相互作用することを通じて、人びとから支持されていない不人気な社会規範が生まれたり、集団や社会を長い期間にわたって支配し続けたりすることがあることを明らかにしている。こうした、多くの人びとに受け入れられていない規範の生起や、維持・再生産の過程に、社会心理学的現象である「多元的無知」が密接に関わっていると考えられている。

多元的無知とは

多元的無知は、「集団の多くの成員が、自分自身は集団規範を受け入れていないにもかかわらず、他の成員のほとんどがその規範を受けいれていると信じている状況」と定義されている（神 二〇〇九、Katz & Allport 1931）。より広義には、規範に限定せず、「自分は他の人と異なる社会的態度や感情をもっている」と皆が思い、実は他の人たちも自分と同じ社会的態度や感情を持っていることを知らない状況を指す（神 二〇〇九）。この用語は、アメリカの心理学者であるフロイド・オルポートにより生み出された造語であり、「複数の（pluralistic）人びとが互いの本心について無知である（ignorant）」ことから由来しているものと考えられる。こうした多元的無知の事態を、クレッチとクラッチフィールド（Krech & Crutchfield 1948）は「誰も信じていないが、自分以外は信じているのだろうと皆が思い込んでいる（No one believes, but everyone believes that everyone else believes.）」と表現した。多元的無知の要点を端的に表現した、優れた説明だといえるだろう。

多元的無知という用語に馴染みのない読者がほとんどだろう。しかし、これは私たちの日常生活の中のいたるところで観察できる。多元的無知の典型的な例としてよく紹介されるのは、アンデルセンによる童話「裸の王様」である。読者の方々もよくご存知だろうが、簡単にストーリーを説明する。愚か者には見えない不思議な布で服を織ることができるという詐欺師に騙された王様は、作られた服が本当は見えないにもかかわらず（本当はそんな不思議な布は存在しないので、当然のことなのだが）、それを正直にいいだすことができず、服を身にまとって街にパレードに出かけることを決心する。王様の周囲の家来たちも、パレードを見に来た一般市民たちも、ホンネでは王様の服が見えない。しかし、「自分以外の人びとにはそれが見えているのだろう」とお互いの本心を錯覚しあい、「周囲から愚か者だと思われたくない」という動機から、誰にも見えていないはずの王様の服を、人びとが口々に褒めそやすという集合的な行動が生じた。つまり、誰にも服が見えておらずとも、「自分以外の人には見えている」と人びとが信じ込むだけで、本心とは裏腹に王様の服を褒め称えるという行動の表出には十分なのである。

童話ではなく、学生の皆さんにとってより身近な、現実的な文脈における例も紹介しよう。例えば、授業中に先生がきわめて難解な説明をしているという状況をイメージしてほしい。先生の口から出る言葉がまるで呪文のようで、まったく頭に入ってこない。あまりにもついていけないために、あなたは挙手して質問をしたくなった。が、そのときに思いとどまって周囲の学生の様子に目をやる。周囲を見渡すと、どうやら皆は理解できているようだ。ここで手を挙げて質問してしまうと、自分だけ理解が追い付いていないことが、周囲に露呈してしまうことになる。それを恐れたあなたは、挙げようとしていた手を引っ込めてしまった。このような経験はないだろうか。ここで考えてみてほしい。実は、あなた以外の学生たちもみな、同じことを感じていたとしたら……。つまり、「自分には理解できないが、他のみんなには理解できているのだろう。だから誰も手を挙げないのだろう」と、誰しもがお互いの本心を誤って思い込んだ結果として、質問行動が抑制されてしまうというものだ。皮肉なことに、結果として、教室内の誰も授業を理解していないまま、授業は進んでいくのである。こうした授業における質問行動の背後にも、多元的無知が潜んでいる可能性が指摘されている（Miller & McFarland 1987）。

ウェブ調査からわかったこと

日本において、男性による育児休業の取得率が伸び悩んでいる背景にも、多元的無知のメカニズムが潜んでおり、性役割分業が多くの人びとが望まない形で維持されているのではないか、と著者を含む研究グループは考えた（Miyajima & Yamaguchi 2017）。その仮説を検証するため、二〇一六年に、二〇代から四〇代の日本人の既婚男性で、職場に男性でも育児休業を取得できる制度があると認知している人びとを対象に、ウェブ調査を実施した。

男性の育児休業に対する態度を測定したところ、全体として、多くの男性は肯定的な態度を抱いている一方で、自分よりも他の男性のほうが男性の育児休業に対して否定的だと推測していることが明らかになった。すなわち、多くの男性は「自分は男性の育児休業に対して肯定的だが、他の男性たちは否定的なのだろう」と思い込んでいることを示している。この「男性の育児休業に対する他者の態度を、誤って思い込んでしまっていること」が、一人ひとりの男性の行動意図に及ぼす影響について検証するため、男性の育児休業に対する「回答者自身の態度」と「他の男性の態度に対する予測」に基づき、回答者を四つのグループに分類した。四つのグループへの分類の仕方は以下のとおりである。「自分も他の男性も育児休業を肯定的に捉えている」と回答した人びとを「自他ポジティブ群」、「自分は肯定的だが、他の男性は否定的だろう」と回答した人びとを「多元的無知群」、「自分は否定的だが、他の男性は肯定的だろう」と回答した人びとを「自ネガ他ポジ群」、「自分も他の男性も育児休業を否定的に捉えている」と回答した人びとを「自他ネガティブ群」とした。回答者の全体的な回答結果（「自分は男性の育児休業に対して肯定的だが、他の男性は否定的なのだろう」と思い込んでいる）から、「自分は肯定的だが、他の男性は否定的だろう」と回答した人びとこそが、多元的無知状態に陥っている人びとだとみなせると判断し、多元的無知群とした。なお、「自ネガ他ポジ群」に該当する人びとは、他の群と比較して該当する人数が少なかったために、後の分析からは除外した。

　回答者を四群のいずれかに分類した後に、「育児休業の取得願望の強さ」（子どもが生まれたときに、育児休業をどの程度取得したいと思うか）と、「育児休業の取得意図」（子どもが生まれたときに、実際、育児休業を取得しようとどの程度思うか）を、群ごとに比較した。その結果をまとめたのが図3である。自他ネガティブ群は「取得願望の強さ」も「実際の取得意図」も三群の中で最も低いことが示された。この

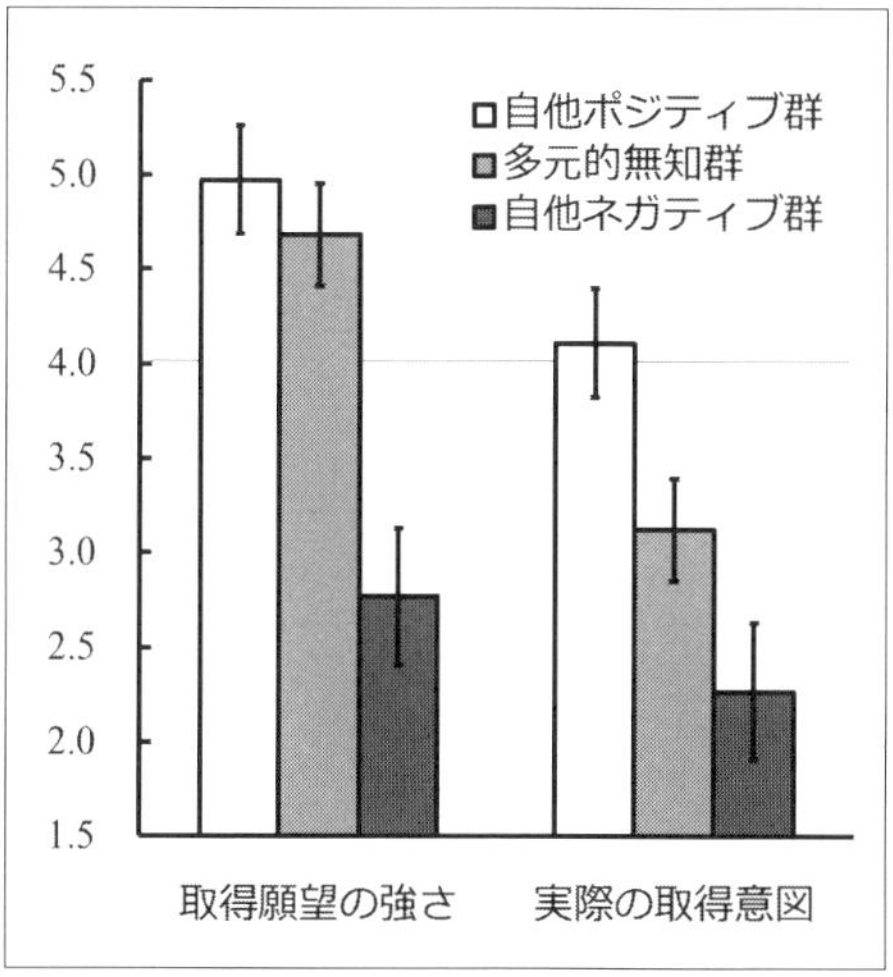

図3　群ごとの取得意図の平均値

結果は、自分も他の男性も男性による育休を好ましく思っていないため、当然の結果だといえるだろう。注目してほしいのは、次のポイントである。「取得願望の強さ」には自他ポジティブ群と多元的無知群とで、統計的に有意な差はなかった。さらに、両群のスコアは中点（どちらともいえない）よりも有意に高かった。すなわち、自他ポジティブ群も多元的無知群も、どちらかといえば、子どもが生まれたときに育児休業を取得したいと願っていることが明らかとなった。一方で、「実際の取得意図」は、多元的無知群のほうが自他ポジティブ群よりも、有意に低いという結果が得られた。加えて、多元的無知群の「実際の取得意図」は中点よりも有意に低かった。そして、「取得願望の強さ」と「実際の取得意図」との乖離は、三群の中で最も大きいことが明らかになった。この研究において、自他ポジティブ群と多元的無知群は、「他者が男性による育児休業に好意的だと思っているか、否定的だと思っているか」という点にしか違いがない。つまり、自分は男性による育児休業について肯定的であっても、他者は否定的だろうと推測してしまうと、取得願望は高いにもかかわらず、取得を控えてしまう傾向があるのである。以上の結果は、他者の態度について誤った「忖度《そんたく》」をしてしまうことが、「取得を望んでいるものの、取得はしない」という「選択」へと導いてしまう可能性を示唆しているといえよう。

　日本における男性の育児休業問題が、多元的無知に特徴づけられるという研究結果は、問題解決へとつながる糸口を提供してくれる。従来、男性による育児休業の取得を促すための施策は、男性たちの意識啓発を目的とした活動や、男性従業員が取得した企業に対する助成金の支給などが主だった。しかし、ミヤジマとヤマグチ（Miyajima & Yamaguchi 2017）を踏まえれば、男性個人の育休に対する態度を変容させるような働きかけよりもむしろ、他者の態度に対する歪んだ認識を是正するような働きかけのほうが、効果的かもしれない。実際、多元的無知を解消するためには、それが個人や集団に与える影響について教育をすること（e.g. Schroeder & Prentice 1998）や、「どれくらいの割合の人びとが実際にはその社会規範を受け入れているのか」に関する情報を伝達すること（e.g. Neighbors et al. 2004）の有効性が示唆されている。したがって、例えば企業内のセミナーや研修などを通じて、「他の人びとは男性による育休を好ましく思っていない」という、男性就労者たちによる誤解を解消することが、現状を打破する鍵を握っているといえるかもしれない。

三　結びにかえて

ここまで、日本における男性による育児休業の取得が低迷している要因について、複数の視点から考察をしてきた。従来、この問題が多元的無知という社会心理学的現象によって説明できる側面があることは、看過されてきたといえるだろう。もちろん、男性による育休取得が低迷しているという問題が、多元的無知だけで十分に理解や説明ができるわけではないことには留意が必要である。男性による育児休業の取得は、社会心理学的要因だけでなく、経済学的要因や経営学的要因など、さまざまな要因が複合的に影響して、決定されると考えられる。ただ、現在、社会が直面している問題に対して、新たな視点を提供することは、問題のより深い理解やより効果的な解決策を考えるうえで、きわめて重要なことである。世間一般に広く普及している通説は、あくまで、多くの人に支持されているとか、過去のある時点では説得力を持っていた、というだけで、疑う余地のない確定的な説であるとは限らない。情報を常に批判的に検証するという姿勢こそが、真実への接近を可能にする。あなたが暮らす社会をより正確に理解し、あなた自身がより豊かな社会生活を送るために、是非とも、通説を鵜呑みにするのではなく、疑いの眼差しを向けてほしいと思う。本章がその契機を提供できたとしたら、望外の喜びである。

〔引用文献〕

Blair-Loy, M., & Wharton, A. S. (2002). Employees' use of work-family policies and the workplace social context. *Social Forces*, **80**(3), 813-845.

Chzhen, Y., Gromada, A., & Rees, G. (2019). *Are the world's richest countries family friendly?: Policy in the OECD and EU*, UNICEF Office of Research, Florence. Retrieved from https://www.unicef-irc.org/family-friendly

Dahl, G. B., Løken, K. V., & Mogstad, M. (2014). Peer effects in program participation. *American Economic Review*, **104**(7), 2049-74.

エン・ジャパン（二〇一九）「ミドル２５００人に聞く「男性育休」実態調査 ―『ミドルの転職』ユーザーアンケート―」Retrieved from https://corp.en-japan.com/newsrelease/2019/19305.html

神信人（二〇〇九）「集合的無知」日本社会心理学会編『社会心理学事典』丸善出版、三〇〇－三〇一頁。

Katz, D., & Allport, F. (1931). *Students' attitudes: A report of the Syracuse University research study*. Syracuse, New York: Craftsman.

厚生労働省（二〇一八）「平成29年度仕事と育児の両立に関する実態把握のための調査研究事業」Retrieved from https://www.mhlw.go.jp/stf/seisakunitsuite/bunya/0000200711.html

Krech, D., & Crutchfield, R. S. (1948). *Theory and problems of social psychology*. New York: McGraw-Hill.

Miller, D. T., & McFarland, C. (1987). Pluralistic ignorance: When similarity is interpreted as dissimilarity. *Journal of Personality and Social Psychology*, **53**(2), 298-305.

Miyajima, T., & Yamaguchi, H. (2017). I Want to but I Won't: Pluralistic Ignorance Inhibits Intentions to Take Paternity Leave in Japan. *Frontiers in Psychology*, **8**, 1508.

内閣府男女共同参画局（二〇一九）「男女共同参画白書　令和元年版」Retrieved from http://www.gender.go.jp/

about_danjo/whitepaper/r01/zentai/index.html

Neighbors, C., Larimer, M. E., & Lewis, M. A. (2004). Targeting misperceptions of descriptive drinking norms: efficacy of a computer-delivered personalized normative feedback intervention. *Journal of Consulting and Clinical Psychology*, **72**(3), 434-447.

NetMile リサーチ（二〇〇九）「働くパパ・ママについての調査レポート」

日本生産性本部（二〇一七）「２０１６年度　新入社員　秋の意識調査」Retrieved from https://www.jpc-net.jp/research/detail/002790.html

OECD Family Database (2019) Retrieved from http://www.oecd.org/els/family/database.htm

Schroeder, C. M., & Prentice, D. A. (1998). Exposing pluralistic ignorance to reduce alcohol use among college students. *Journal of Applied Social Psychology*, **28**(23), 2150-2180.

Ueda, Y., & Kurosawa, K. (2012). The Effect of Task, Organizational, and Family Factors on Taking Parental Leave: Gender Differences among Employees. *Business and Management Research*, **1**(2), 113-119.

Vandello, J. A., Hettinger, V. E., Bosson, J. K., & Siddiqi, J. (2013). When equal isn't really equal: The masculine dilemma of seeking work flexibility. *Journal of Social Issues*, **69**(2), 303-321.

第3章 心の変化と問題の意味

林《はやし》　郷子《きょうこ》

一　わかっている自分とわかっていない自分

止まってしまうとき

中高生の頃、よく、「悩みがなさそうでいいね」といわれた。なんでそんなふうに見えたのかさっぱりわからなかったが、友達にもいわれたし、なぜか先生にもいわれたことがある。「私の何がわかる！」と心の内で憤慨したことを覚えている。自分では人並みに悩んでいたつもりだった。そして悩むと時々動けなくなった。動けなくなり方はいろいろだったが、いいやすいところでいうと、「何で勉強するんだろう」と悩みだすと、勉強する行動が止まってしまった。悩まなければ、今とは違う進路が開けていたかもしれない。それでもあのとき悩んで考えたからこそ、次に進むことができたと思っているし、止まらずに考えることは私には難しかった。

大人になって、心理臨床の仕事をするようになった（大学の教員もしている）。心理臨床の場で出会う人たちは、当たり前といえば当たり前だが、たいてい何らかの悩みを抱えていた。そして止まってしまっている人もいれば、身体症状を出している人もいたし、自分を傷つけたり、他者を攻撃したり、あまり適切ではない行動を呈している人たちもいた。だけど、みんな何らかの心の作業に取り組んでいて、それが症状や行動に出ていると思えた。だから、ただ症状や適切でない行動を消去して、元に戻して終わりというのはちょっと違うと思っている。人は変わろうとするとき、次に進もうとするとき、立ち止まったり道をそれたりすることがある。そのことを考えてみたい。

学校に行けなくなったタカシ

まず事例を一つ紹介する。ただし、これは実際に出会ったクライエント（相談に来られる人）たちにヒントを得ているが、架空の事例であることを断っておく。

タカシ（仮名）は中学に入学して一か月ほど経った後、突然学校に行けなくなってしまった。ゴールデンウィークの後、体調を崩して何日か休んだのだが、体調が戻った後もどうしても登校できない。もともとそんなに学校の雰囲気は好きではなかったものの、友達も少ないながらいるし、勉強ができないこともなく、特に学校で嫌なことがあったわけでもない。本人も家族もどうしてこうなってしまったのか、とても戸惑うことになった。

最初は両親ともなんとか学校に行ってもらおうと登校を強く促したが、タカシの態度はますます頑なになり、布団をかぶったまま一日中動かなくなってしまったので、途中からはあまり登校についていわないようになった。すると日中は起きて過ごすようになり、学校に行っていないのだからと自ら教科書を広げて勉強しようとする日も出てきたが、結局勉強にはあまり身が入らなかった。家だからできないのではないかとタカシは考え、小学校の頃に通っていた塾に行って、塾の先生と週三日通う約束をしてきた。だけれども塾もほとんど通えなかった。

　担任の先生が時々家庭訪問をしてくれて、先生とは会って話をすることができた。先生からフリースクールの話を聞いて、そこなら行けるのではないかと思い、見学に行った。週一回からでいいとフリースクールの先生はいってくれたが、本人も欠席が続いていることへの焦りがあり、毎日行くことを約束して帰ってきた。だけどもやっぱりほとんど行けない。

　タカシの両親はどちらかというと日常生活の躾に厳しい人で、学習面についてもタカシに頑張ってほしいと思っていた。理不尽なほどに厳しいということはなかったが、タカシはもともとあまり自己主張するほうではなく、親の言いつけをよく守る子だった。学校に行けていなくて、塾やフリースクールに通うこともできない自分を責めて、家にいても落ち着いて過ごすことができなかった。

　することがない中、タカシはテレビや動画を見て過ごすようになった。その中で、たまたま見た、少し前にはやっていたアニメがなぜか気になり、何度もその動画を見るようになった。そのアニメ関連のゲームもよくするようになった。動画やゲームばかりの生活を両親は心配したが、ゲームを通して父と少し話ができるようになっていった。また、たまにフリースクールに行けたとき、そこの先生ともアニメやゲームの話をひとしきりしてくるようになった。そして、ちょっとずつフリースクールに通う日数が増えていった。

教室に入ることは難しかったが、中三の途中からは時々別室登校をするようになり、学校の先生やフリースクールのサポートを得て、高校に進学した。

高校生になってから、学校に行けていなかった自分を振り返って、タカシはこういっていた。「前は大人の意見が絶対で、自分の意見なんてなかった。今は自分はどう思うかがある」。「あのまま学校に行っていたら押しつぶされていたかもしれない」。「不登校になっていろんな人とも出会った。自分がいる意味っていうのはあっていいと思えた」と。

意識と無意識

臨床心理学では「無意識」というものをよく重視する。「意識」は私たちがわかっている部分である。今、自分は『奈良大ブックレット』を読んでいる、これは自分で気づいている部分だ。「無意識」は自分では気づいていない部分である。タカシは、意識では学校に行こうと思っているけれど、無意識で行きたくないと思っているので、体が動かなくなってしまった。「塾やフリースクールなら行ける」と意識は思うのだろうが、無意識はそうではないようだ。

「無意識」は精神分析学の創始者フロイトが発見したといわれている。実際にはそれ以前から哲学者などによって考えられてきたが、「無意識」という概念の定着は、やはりフロイトの功績が大きいだろう。無意識の説明をするのに、よく心を氷山に例えたモデル図が使われる。氷山は、水面の上に出ている部分よりも、水面の下にある部分のほうがかなり大きい。このモデル図では、人の意識は氷山の上の部分、無意識は下の部分に例えられる。意識よりも無意識のほうが広大なのである。不登校の子が、いくら学校に行こうと意識で思っても、また、学校の先生や家族が学校に行かせようと頑張っても、それらは全部水面上の動きであって、それより大きな水面下の部分が反対方向を向いているので、動くことができないのである（図1）。

意識と無意識が反対方向を向いていて、しかも無意識の動きのほうが大きいということは、心が全体としてバランスを崩している状態と言い換えることができるかもしれない。本人にとっても家族にとっても、動きたいように動けなくて苦痛な状態であるし、もしも無意識の力がとても大きくて、無意識に動かされているだけになってしまったら、その人は受身的に生きている状態になってしまって、主体的に生きているとはいいがたくなってしまう。

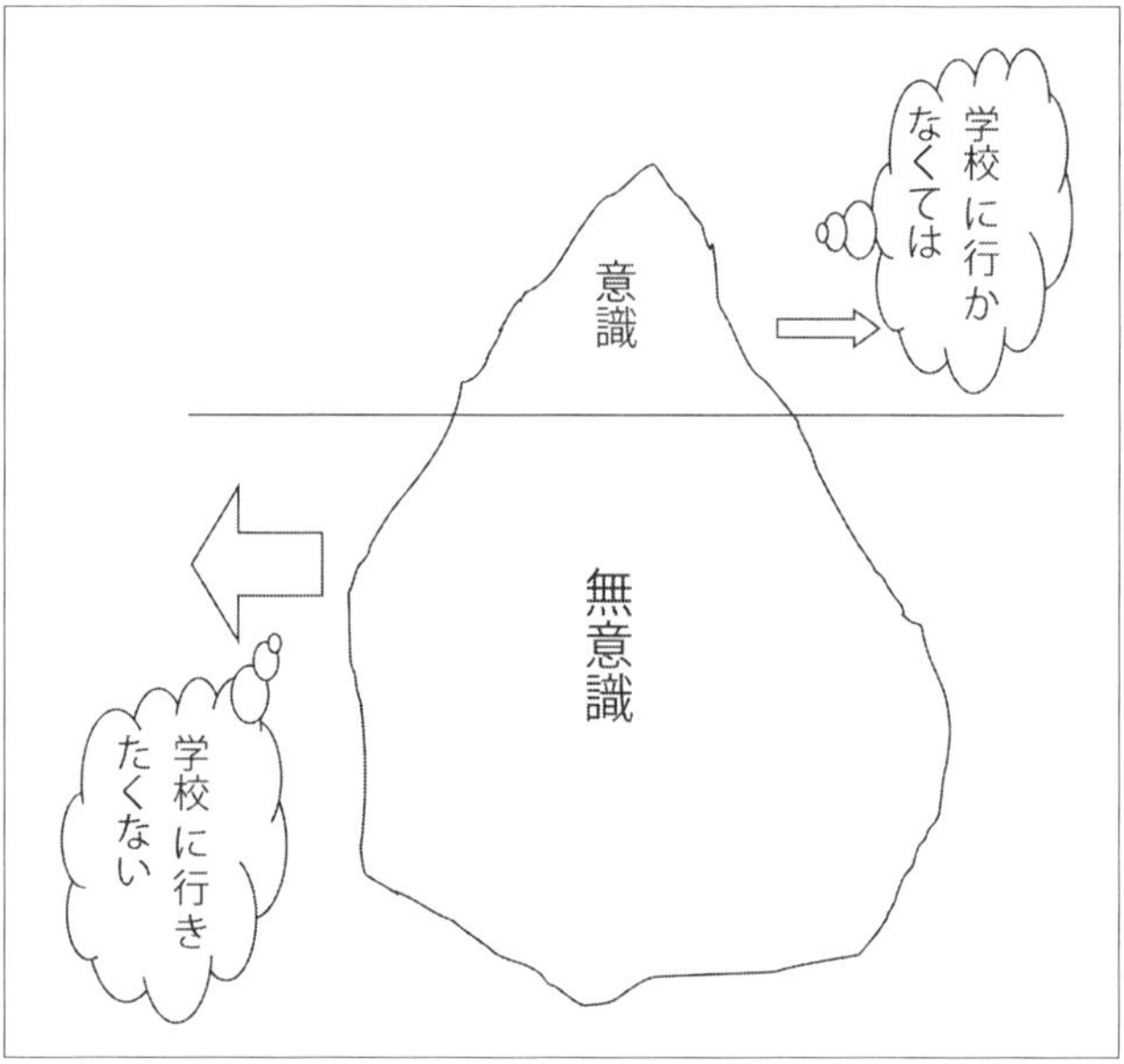

図1　心の氷山モデル

そこで、心理療法や心理カウンセリングでは、自分自身は気づいていない水面下の部分にむしろ注目しようとする。もちろん気づいていない部分に気づくということ自体が難しいことであり、直接働きかけることはできない。でも、水面下で何が起こっているのか、そこに注意を向け、耳を傾けようとするのである。「無意識というのは、意識できないから無意識なので、すべてわかることはできないでしょう。けれども、どうしていま自分はこういう行動をとっているのかに気がつけば、そして、それから目を逸らすのではなく、向かい合うように努めれば、必ず何かが違ってくるはず」（角田一九九八）といえるのではないだろうか。

可能性の取入れ

いったい、水面下で何が起こっているのか。臨床心理学の中にもいろいろな理論があり、それによって考え方は異なってくるが、ここではユングの分析心理学の考え方を紹介したい。分析心理学は、フロイトのもとで学んでいたユングが、フロイトと袂を分かったあと新たに始めた学派である。

ユングは、意識の中心として「自我」を、そして意識も無意識も含めた心全体の中心に「自己（セルフ）」というものを考えた。われわれは、本を読もうとすれば読むことができるし、歩こうと思えば歩くことができる。ある程度一つのまとまりをもって動くことができる。この、「私」は本を読む、「私」は歩くといった、「私」という人間が一つのまとまりをもって主体的に動いているその中心にあるのが「自我」と思ってほしい。自我はある程度統合性を保って、安定した状態をつくっている。ところがこの心の中心にある「自己」は、この安定した状態を崩してでも、より高い次元に発展していこうとする傾向があるのである（図２）。

河合（一九七〇）は、人が怖くて外に出られなくなり、学校に行けなくなった女子学生の例を挙げて説明している。カウンセリングでいろいろ話を聞いていくと、この学生は人が怖いといっていたけれど、男子学生が怖いことがわかってきたという。そしてさらに話を聞いていくと、男子学生を異性として意識することがなんか受け入れがたいということがわかってくる。どうやら今まで抑えてきた感情が出てきたようだ。

この学生は、これまで異性に対する感情を入れ込まないで、安定した状態を作り上げていたと考えられる。このままでも、新しいことをわざわざ付け加えなくても、十分適応的な生活を送っていけたはずだ。だけれども、なぜか異性への感情が出てきた。これは今までの安定した状態を崩してしまうおそれがある。安定を保つためには、そんな感情は排除したり、あるいは外に出ないことで感じないようにしたりする必要がある。これを自我の「防衛」という。適応状態を守る働きである。うまく「防衛」を働かすことができればそれはそれでもいいかもしれない。だけど外に出られないのも困る。もとの異性への感情を感じない状態に戻ればよいのか、一時的に人が怖い体験を経ることになっても新しい感情を取り入れていくのがよいのか、どっちがいいかは簡単にはいえない。ただ、新しい可能性を取り入れていこうとすると、一時的に不安定になる。学校に行けないといった不適応状態や、症状といったものには、こういっ

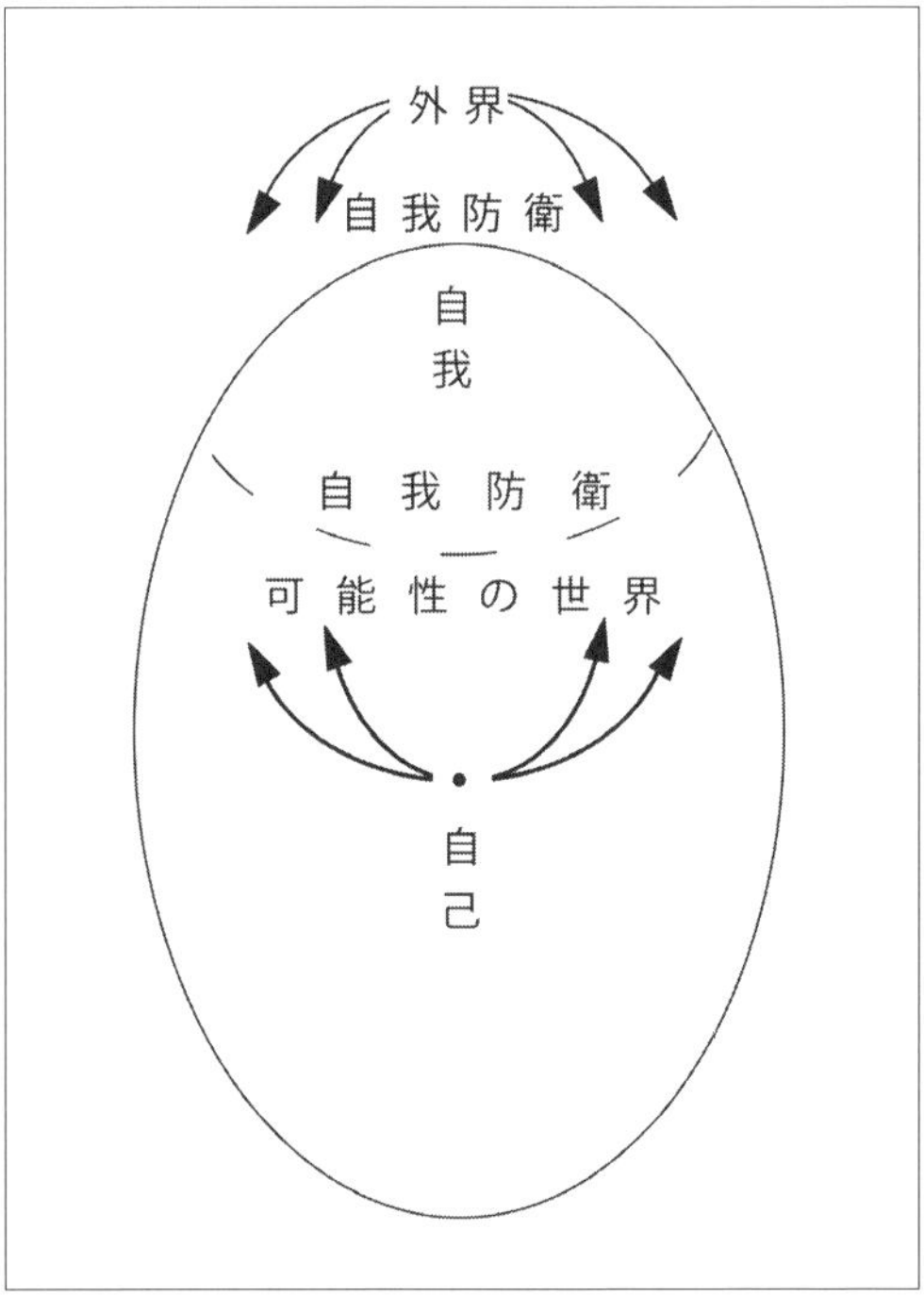

図2　心の構造（河合（1970）をもとに作成）

た過程の中で生じるものもある。

　タカシは、それまで大人、特に親の価値観を受け入れることで安定した生活を送っていた。特に問題になることもなかった。しかし、自分の気持ちや自分の意思というものが出てきた。それはこれまでの自分が感じてこなかったものだ。それを取り入れることは、タカシにとっては一時的に安定性を脅かすことであり、相当に揺らされる体験だっただろう。学校場面からいったん引いて、自分をしっかりと守る必要があったのかもしれない。

　可能性を取り入れるということは、それまで自分が生きてこなかった側面を取り入れるということでもある。自分の生きてこなかった側面にできるだけ光を当てていくこと、可能性を自我の中に統合していくことを、「自己実現の過程」とユングは呼んだ。最近では自分のやりたいことを達成したり、なりたい自分になっていくことを自己実現ということがあるようだが、もともとユングの使った自己実現の意味はそれとはちょっと違う。「ユングの言う自己実現とは、凸凹のボールに空気を入れて完全な球体に近づけていくものである」と山中（一九九六）は述べている。「そこには「かくあらねばならない」といった一般的な価値判断はまったく存在しない。世間的な価値や評価とはまったく無縁な、自分にとってだけの「宝物」を、自分の生きられてこなかった部分から見つけてくることとも言えるかもしれない」「もちろん、自分がマイナスの価値を付与してきたものすべてに光を当てて、完全な球体をつくることは不可能である。しかし、自分が生きてこなかった部分の存在に気づくだけで、その人の人生は人間としての深みを増してくる」といえるのではないだろうか。

二　心の成長と危機

成長と喪失

どのようなタイミングで新しい可能性を取り入れていくのか、それは人それぞれである。ただし、多くの人が新しい可能性を取り入れる時期というのもある。新しい可能性を得ていく過程というのは、心の成長の過程として捉えることもできる。だけど新しい可能性を取り入れようとすると、バランスが崩れる。人は成長するとき、バランスを崩しやすい。「成長する」「変化する」ということは、それまでのことを「失う」ことでもある。可能性を取り入れるといっても明るい話ばかりではない。「成長」と「喪失」は表裏一体である。

成長と喪失の葛藤が生じやすい時期として、乳幼児期、前思春期、思春期を取り上げる。実はその後の中年期や老年期の入り口でも葛藤は生じやすいが、それはまた別の機会においておく。

乳幼児期の親からの分離

最初に訪れる成長と喪失の葛藤の時期は、自分の意思が芽生えてくるといわれる二–三歳の頃である。生まれたばかりの赤ちゃんは、自分と養育者との区別がついていないといわれている。自分が泣けばミルクをもらえたりおむつを替えてもらえたりするが、自分の欲求と他者の行動との区別もしっかりとはついていない。しかし徐々に、どうやら自分と養育者とは別個の存在であり、自分が望んだからといって相手が思うように動いてくれないことに気づいていく。同時に自分は自分の思うように動けることにも気づいていく。これを人は自立と呼ぶ。自立というとポジティブな印象があるが、自立の背後には一体感の喪失がある。それまで一体だと思っていた相手が別の存在であるということを受け入れるのは、悲しいしつらいことである。自分も意思を持った一個の存在であるということを主張しながら、この悲しみをやり過ごさないといけない。複雑な心理状態は、少しややこしい行動で現れる。なんでもかんでも「いやだ」「いやだ」と泣き喚いてみたり、そうかと思うとべたっと甘えてきたり、この間まで一人でとっとこ歩いていっていたのに母の姿が見えなくなっただけで泣き叫んだり……などなどである。この葛藤をのりきるには安心感が必要である。これは幼児に限ったことではない。何かを失うときには失いたくないという気持ちが働く。心のバランスが崩れて不安定になる。不安定の度合いにもよるが、安心感が得られないと新しい可能性を取り入れる前に不安定さに耐えられなくなってしまう。

前思春期の自我体験

次に生じやすいのは九－一〇歳頃の前思春期といわれる時期である。この頃までに、子どもは自分を他者と比較したり、他者の視点に立って外から自分を見る力をかなり身に付けてきている。しかしこの時期、宇宙的な視点から自分を見るといっていいくらい、究極の自分の相対化が行われるのである。これを「自我体験」と呼ぶことがある（高石 二〇二〇）。自我体験はこの時期だけに起こるのではなく、複数回積み重ねられていくものとされているが、鮮明な体験としてはこの時期に語られるものが多いと思われる。ただし、記憶にとどまらないまま過ぎていく場合も多いので、みながみな覚えている体験というわけではない。

究極の相対化が起こるとどういった体験となるのか。それまで当たり前に「私は私」であり、当たり前に「生きている」のが、「私は誰なのか」「なぜ私は私なのか」「なぜ私は生きているのか」という問いが始まってしまう。そして「私は私であり、他の誰でもない」という感覚が生じ、同時に絶対的な孤独感が引き起こされる。また、吹けば飛ぶようなちっぽけな存在としての自分を意識するようにもなり、それは「死」の感覚につながる。大事な人はいつか死ぬ、自分もいつか死ぬという、当たり前につながっていた生の限界を思い知らされる。このようなさまざまな感覚は、「私って誰なんだろう」という言葉にできるような形で意識されるとは限らず、むしろ、ただ「恐怖」「不安」として感じられるかもしれない。この時期、急に親から離れられなくなったり、強迫症状（不合理な考えが頭から離れなくなったり、理不尽に同じ行動を繰り返してしまったりする）が起こったり、不登校になったりする子どもに出会うことがあるが、この「自我体験」が大きく影響していると考えられるケースも少なくない。

新しい可能性を取り入れるといえば聞こえはいいが、いわば心の危機である。バランスを大きく崩したままとなってしまえば、成長は阻害され、破壊的な方向に進んでしまいかねない。支える他者、支える環境がやはり同時に大切となってくる。

思春期の自分のつくりなおし

そしていよいよ思春期がやってくる。前述の十歳前後の自我体験も大きいが、やはり自分が心理的に大きく生まれ変わる時期といえば思春期であり、最もバランスを崩しやすい時期といっていいのではないだろうか。もちろん、思春期もみんながみんなバランスを崩すわけではないし、いたって平穏にこの時期を潜り抜ける人たちもたくさんいる。ある人は思春期を崖にかかった丸木橋に例えていた。下が崖であることに気づかずにすっと渡った人にとってはなんということはないが、一度下が崖であることに気づいてしまうと、足がすくんで動けなくなってしまう。そんなものかもしれない。

　思春期は、心も体も激変する時期といっていいだろう。見た目からそれまでの自分が変化していき、否が応でも他者から見た自分を意識させられ、自分って何なのかを改めて明確に意識させられる。親をはじめとする周囲の大人たちからちょっとずつ取り入れて築き上げてきた価値観はいったんご破算となり、自分はどう考えるのか、自分は何を目指すのか、もう一度問い直しが始まるのである。そして心理的に大人から分離していく。

　乳幼児期もそうだったが、分離する（自立する）ということは悲しみや苦しみを伴うものである。この悲しみや苦しみを紛らせ、乗りきるために、友達と群れたり、何かに打ち込んだり、時には暴れまわったり、あるいは引きこもったりする。

　思春期は時々サナギに例えられることがあるが、まさにメタモルフォーゼの時期なのである。チョウやガは、イモムシからサナギになるとき、一度ドロドロの液体になるという。人間はもちろんドロドロにはならないが、これを心の状態だと考えると、やはり守りとなる固い殻が必要である。最近の思春期はサナギモデルでは説明できなくなってきたともいわれているが、殻のあり方が変わってきたのかと思えるところがある。

　さて、タカシを思い出そう。タカシは、それまで両親の躾や育て方を素直に吸収して成長してきたと思われる。もっとも、両親が厳しく育ててもそれを受け付けない子もいるし、そこまで厳しくなくても先取りして受け入れていく子もいる。このあたりは組み合わせによって変わってくる。タカシの両親は躾はやや厳しかったものの、常識を超えるようなものではなく、タカシもそれで特に困ることもなく、問題になることもなくやってこれていた。だからある意味そのままでもよかったのである。大人の価値観にある意味守られていたともいえる。しかし、タカシは思春期に入って、自分が望んだわけでもないのに、自分はどう考えるのか、自分は本当にそうしたいのかということに向き合わざるを得なくなった。ただでさえ周囲の価値観を吸収しやすい子である。学校に行くと学校のルールや先生の意見があり、友達の思いもある。それにある程度合わせながらやっていかないと社会生活は成り立たない。しかし、自分はどう考えるのかという心の作業に取り組み始めたタカシにとっては、自分の考えを模索しながら、かつ、周囲の思いを感じ取り、集団のルールに合わせていくのはなかなかきつい作業であった。あっという間に自分自身は押しつぶされそうになったし、前の自分に戻りたくなったかもしれない。自分を守っていくためには、学校から身を引くしかなかったのだろう。そしてちょっとずつ自分の輪郭が固まってきてから、外の世界にもう一度足を踏み出していったのだと思われる。

桑原（二〇一六）は、不登校を「耐震工事」に例えている。今現在は壊れたりダメージを受けているわけではなくても、将来大きな地震（人生の中の大きな衝撃）に出会ったときに崩壊してしまいそうな危険がある場合、それを避けるために今のうちに「補強工事」をしているのだ、という考え方である。この作業中は、危険や労力を伴う「工事」なのだから、幕を張って外とのコンタクトを一時的に遮断するのだと。「工事」という考え方は、不登校に限らず、心の変容を考えるときに役に立つイメージと思われる。

もちろん、学校に行かない生活は、タカシにとっても家族にとっても苦しい体験であった。いいことばかりではないのはいうまでもない。ただ、タカシが「あのまま学校に行っていたら押しつぶされていた」と後に振り返っているように、タカシにとっては必要な意味ある時間であったと思われる。そして周囲の支えもあった。学校に行けず、何もできなくなって、タカシは自分なんていないほうがいいのではないかと思った時期があったかもしれない。その中で、「自分がいる意味はある」と思えるようになったのは、これが必要な時間であることをわかってくれる周囲の支えがあったからであろう。これがなければ、破壊的な体験で終わってしまっていたかもしれない。

可能性の取入れに際してバランスを崩したとき、それが意味ある方向につながるように付き添うこと、これは臨床心理学的支援の大きな役割であると考える。

三　イメージの持つ力

守りとしてのイメージ

思春期のもう一つ厄介なところは、新しく生まれ変わる自分が、真っ白できれいなものではないというところだ。思春期の世界は勧善懲悪の世界ではない。親であったり自分が正しいと思っていた人の中にも悪がある、そして自分自身の中にも悪があるということに気づいていく。悪だと思っていた相手の中にも善があり、何が善で何が悪か簡単には割り切れない世界に生きることになる。これもこれまでの世界観の喪失であり、これまでの自分の心理的な死である。このことは時に強い自己嫌悪を引き起こす。

岩宮（二〇一三）は、「子どもとしての死」を体験するとき、リアルな「死」に憧れたり、惹きつけられたりしてしまうのではなく、この世に留まって生き続けるためには、イメージの守りがどうしても必要だと述べている。リアルに体験するのではなくてイメージとして心理的に体験するのである。

タカシも学校に行っていない間、あるアニメ動画にはまっていた。これはいわゆるヒーローもののストーリーだったのだが、絶対的なヒーローが絶対的な悪人をやっつけるというものではなかった。主人公のヒーローは自分が正義と思ってやっていたことが人を傷つけることにつながっていたことに気づき、また悪人のほうにも善意から来るそれなりの事情があって、どちらが善人でどちらが悪人なのか、簡単には区別できない内容になっていた。タカシがその動画に惹かれたのは、岩宮がいうように、「思春期にいろんな物語に触れたくなるのは、とにかく自分のこころの奥にあるものとフィットするものを探したいという気持ちがあるから」であろう。タカシも自分の感情や意思が出てくる中で、自分が受け入れてきた親にも悪があり、自分自身の中にも悪があることに気づき、葛藤していたのかもしれない。アニメのストーリーは、そんな自分の心の動きと重なるものがあったのだろう。

もちろん、はまっている最中には、なんではまっているのか、なんで好きなのか、説明しようもないことが多い。それでも自分の好きなものについて誰かに話をすることで、「こころの中にあるもやもやが少しずつ形をとって見えてくること」があり、「なにかぼんやり見てくるもの」は必ずあるのである。

イメージと心の変容

思春期の子どものカウンセリングでは、自分の悩みをはっきりと言葉で語る子もいないわけではないが、アニメや漫画、ゲーム、好きなアイドルなど、「自分の好きなこと」を語って過ごすことも多い。また、思春期よりもう少し年齢の小さな子どものカウンセリングには、プレイセラピーと呼ばれる手法が用いられることがある。プレイセラピーとは「遊び（プレイ）」を通して行うカウンセリングであり、文字通り、遊ぶのである。だから、親や学校の先生から「カウンセリングでは何をしているんですか」と訊かれたとき、うまく答えないと誤解を生じさせてしまう。もちろん彼らはただ雑談をし、ただ遊んでいるわけではない。それらを通して、自分の心と向き合う作業を行っているのである。

タカシもフリースクールの先生に、ひたすらアニメ動画の話をしていた時期があった。自分の気持ちにフィットする動画にはまるだけでなく、それを言葉にして他者に話すということは、もやもやしているものに多少なりとも形を与え、それに向き合う作業となったのではないだろうか。また、自分の葛藤を否定せずに受け止めてくれた他者がいたということも大きい。そういう感情を持っていいのだと、認めてもらえることになる。

弘中（二〇一四）は、心理療法において遊びや箱庭療法（砂箱にアイテムを置いて表現をする心理療法の一つ）をする過程で、「クライエントに言葉では表現しつくせない感情や身体感覚を伴う体験」が引き起こされることがあるとしている。それは、「言葉で明確に表すことはできないものの、今明らかに感じているもの」である。そしてこの体験がその人の問題状況などと何らかのつながりを持つとき、その体験は「クライエントにとって意味のあるものとしてまとまりを持ち、クライエントに決定的な内的変容をもたらすと考える」ことができる。そのため、必ずしも言葉で「このアニメが好きなのは〜な意味があるからだ」と説明できなくても、何かを感じること自体で、心に変化が生じうるのである。

問題行動からのメッセージ

私の大好きな言葉として「「問題児」というのは、教師や親に対して、解くべき問題を提出しているのだ」（河合 一九九二）というものがある。これは、子どもに関わる大人の側に対して述べられた言葉なのでこういった表現になっているが、問題を起こしている本人の視点に立って考えれば、自分自身に解くべき問題を提示していると言い換えることもできるだろう。問題として生じてきたものには、生じてきた何らかの意味があるはずなので、問題からのメッセージを受け取ることで前に進めることがあるかもしれない。

もちろん、意味があるんだからと開き直って「問題行動を起こしてやろう」と意図的に起こすのは違うと思うし、仮に意味があったとしてもやってはいけないこと、許されないことはあるのでそれは断っておきたい。ただ、どうしてもそうせざるを得なくなってしまったときは、目を逸らさずにその意味を考えてみたい。

実際には渦の真っただ中にいるときに、意味なんて考えられないことがほとんどだし、考えてもわからないことが多い。そんなとき、自分の引かれるイメージというのはヒントになるかもしれない。意味はずっと後になってからわかってくることもある。イメージを通してでも直接でも、何が自分に起こっているのか、自分は何の課題に向き合っているのか、ともかく目を向けてみることは、きっと後で何かの形でつながってくると思う。

〔引用・参考文献〕

弘中正美（二〇一四）『遊戯療法と箱庭療法をめぐって』誠信書房。

岩宮恵子（二〇一三）『好きなのにはワケがある―宮崎アニメと思春期のこころ―』ちくまプリマー新書。

河合隼雄（一九七〇）『カウンセリングの実際問題』誠信書房。

河合隼雄（一九九二）『心理療法序説』岩波書店。

桑原知子（二〇一六）『教室で生かすカウンセリング・アプローチ』日本評論社。

角田豊（一九九八）「理解を深めるプロセス」、氏原寛・杉原保史編『臨床心理学入門―理解とかかわりを深める―』培風館、一〇七－一二三頁。

高石恭子（二〇二〇）『自我体験とは何か―私が〈私〉に出会うということ―』創元社。

山中康裕（一九九六）『臨床ユング心理学入門』ＰＨＰ新書。

第4章 「日本人の自尊心は低い」のか？

村上《むらかみ》史朗《ふみお》

一　はじめに

日本人は外国人（主に欧米人）と比較して自尊心が低いとよくいわれる。また、多くの場合その言及は否定的であって、日本人の自尊心の低さは「あまり望ましくないので、解決すべき問題」として扱われることが多い。「日本人は自尊心が低く、自信を持てないのでなかなかチャレンジをしない」といった具合である。なるほど、これはたしかに望ましくないし、解決すべきと感じられるだろう。Googleで「日本人 自尊心」をキーワードに入れて検索すると七五五万件がヒットし、上位の検索結果を見るとほぼすべて、日本人の自尊心が低いことを前提にしている。みなさんも、自分で日本人と欧米人の自尊心を直接比較したことはなくても、なんとなくそう感じている人が多いのではないだろうか。では、このような印象はどこまでが正しいのだろうか。この章では、「日本人の自尊心は低い」という社会的通念を「疑いながら」

再検討する。本章の内容を先取りしていうと、ある面ではたしかに日本人の自尊心は低いが、別の面ではそうはいえないという結果が出ている。心理学者がいろいろと検討した結果、日本人の自尊心の低さは「そんなの当たり前でしょ」といえるほど当然の話ではないのである。本章では、心理学における自尊心研究の知見に基づいて、日本人の自尊心は本当に低いのか、低いとすれば「どのような意味で」低いのか、という問題を考えてみたい。

二 自尊心とはどんな概念なのか

心理学では、自尊心は重要な研究トピックの一つである。日常用語では自尊心という言葉はさまざまな意味で用いられるが、研究するためにはまず自尊心という用語を定義しなくては始まらない。研究者ごとに微妙に異なる複数の定義があるのだが、それらの共通点をおおまかに述べると、「自分を全体として肯定的に捉える程度」となる。誤解を恐れずざっくりいうと、どのくらい自分をポジティブに捉えているか、ということである。

自尊心が高いことには、さまざまなメリットがあるといわれている。まずは、冒頭で述べた「チャレンジするモティベーションを高める」というものだ。成功するか失敗するかわからない課題に取り組むとき、自尊心の高い人はまず成功の可能性を考えるので、チャレンジしようというモティベーションが高まると考えられている。「たぶんできるだろう」と考える場合と、「どうせダメだろう」と考える場合を比較してみれば、前者のほうがチャレンジに向かいやすくなるのは当然といえるだろう。また、ここには将来予測の楽観性も含まれている。将来のことなど、結局はそのときになってみないとわからないのだが、自尊心の高い人のほうが「なんとかなる」と考えやすいのである。考えてもわからないことについて思い悩むよりは、楽観的でいたほうが精神的な健康にもプラスである。

このように考えると、自尊心が高いことは良いことばかりのように思えるが、残念ながら世の中すべてが良いことばかりという、うまい話はあまりない。自尊心の高さも、いわば副作用のようにネガティブな結果を導くことがある。自尊心が高い人の中には、自己評価を下げるような情報を過剰に拒否する人が含まれている。また、他者（特に自分とは異なるカテゴリに属する人）に対して否定的になったり、攻撃的になったりするケースもある。社会心理学者のバウマイスターは、このような自尊心の高さのネガティブな側面を「自尊心のダークサイド」と呼んでいる。

このようにネガティブな面もあるとはいえ、全般的には心理学において自尊心の高さは好ましいものとされている。また、単に好ましいだけではなく、人間は基本的に自尊心を高く保とうと動機づけられているとみなす理論も多い。「自分を良いとみなしたい」という欲求は普遍的なものの一つで、場合によっては情報の捉え方を歪めてでも自己を肯定的に見ようとするとされている。自分自身を良く捉えようとして、自分にとって都合の良い情報にだけ注目したり、実際よりも高く自分の能力などを評価したりするのである。このことをテイラーとブラウンは「ポジティブ幻想」と表現した。「幻想」というのは、このような自尊心の高さには実態を反映していないケースも含まれるからである。要は、実態以上に自分をポジティブに捉えやすいということである。

さて、ここまで読み進めてきて、注意深い方は「ちょっと待て」と感じたのではないだろうか。自尊心の高さが全般的に好ましく、また自尊心を高く保とうとすることが人間の基本的な性質の一つであるのなら、「日本人の自尊心が低い」ということは、好ましくないだけでなく人間の基本的な性質を満たしていないことになってしまう。では、日本人は人間の基本的な性質に反するほどのネガティブ思考なのだろうか。

三　自尊心の国際比較とその解釈

国際的な比較研究

さて、ここまで「日本人の自尊心は低い」ということについて、世間的にそういわれているとしか述べてこなかったが、もちろん国際的な比較研究が存在する。自尊心の測定に用いられる指標は複数存在するが、最もよく用いられているのは、ローゼンバーグが開発した尺度である。この尺度では、「だいたいにおいて、自分に満足している」などの十項目の質問に対する回答（四段階または五段階で当てはまる程度を答える）を合計して得点を算出する。先に述べたように、自尊心は心理学において重要な研究対象の一つであるため、ローゼンバーグの尺度も多くの研究で用いられている。

日本人と北米人の自尊心について比較したものとして、ハイネらが行った日本とカナダの研究が挙げられる。彼らの報告では、ローゼンバーグの尺度を用いて、日本人とヨーロッパ系カナダ人やアジア系カナダ人を対象に自尊心を測定した。この研究で用いられた尺度の得点範囲は十点から五〇点（尺度の中点は三〇点）の範囲だったが、ヨーロッパ系カナダ人の平均点は三九・六点と中点を大きく上回っていた。一方、日本人の平均点は三一・一点と尺度の中点に近い値になっており、ヨーロッパ系カナダ人に比べると非常に低い値となっていた。

　より大規模に自尊心の国際比較を行ったものとしては、シュミットらが五三の国と地域からデータを得た研究がある。そして、対象となった国と地域の中で、日本の平均値は最も低くなっていた。なお、この研究では自尊心尺度の得点範囲は十点から四〇点（尺度の中点は二五点）で、日本の平均点は二五・五点であった。

　五三の国と地域で最下位であるという結果を見ると、たしかに日本人の自尊心は他の国々に比べると低いといえそうである。しかし、それは必ずしも日本人が「ネガティブ」であることを意味しているわけではない。紹介した二つの研究では、いずれも日本人の平均点は尺度の中点付近、つまり得点範囲の真ん中近辺であった（細かく得点や得点の範囲を示したのは、このことを伝えたかったからだ）。日本人の自尊心が低いというより、他の国の人びとの自尊心が高いと見ることもできる。つまり、これらの結果から「日本人は他の国々の人ほど自尊心が高くない」ということは正しいが、「日本人は自己に否定的である」とはいえないのだ。

文化が自尊心に及ぼす影響

　そして、日本人の自尊心が低いという結論を出す前に、もう一つ考えなくてはならないことがある。それは、このような国や地域による自尊心の違いは、何によってもたらされるのかという問題である。このような国による心理的性質の違いを生み出す要因として、文化の影響が大きいと考えられている。北米のように自分が周囲の他者から独立していることが意識されやすい文化では、自分自身の優れた点をアピールすることが求められるし、それが良いこととみなされる。一方、日本のように他者との関係性を重視する文化では、他者よりも優れているとアピールする必要性がまったくないわけではないが、北米などと比べるとその必要性は弱く、むしろ謙虚であることが好ましいとされる。一方で、関係性を保つためには他者からの批判を避ける必要性は高いので、自己の欠点にも目を向けて改善しようとすることが望まれる。このように、文化によって自尊心の高さが望まれる程度が異なることが自尊心の尺度得点の差につながっていると考えられている。そして、このような文化が自尊心に及ぼす影響をどのように捉えるかによって、日本人の自尊心尺度得点の意味合いが変わってきてしまう。実は、やっかいなことに、文化と自尊心の関係については心理学者の間でも見解が分かれている。以下では、代表的な二つの見解について、その概要を簡単に紹介しよう。

一つは、マーカスと北山が提唱した「文化的自己観理論」に基づく解釈である。この理論では、人の心の性質はその人が生きてきた文化によって育まれるため、文化によって心の性質は異なってくると考える。自分自身で能力などをアピールすることが望ましいという文化で育った人びとは、その文化の考え方を当然のものとして身に付け、実際に自尊心が高くなると考えられるのである。一方、周囲との関係性をより重視する文化で育った人びとは、周囲から突出するほどのアピールの必要性を感じないし、自分の良い点だけでなく悪い点にも注意を向ける習慣がつくため、比較的自尊心は高くならないと考えられる。

もう一つの見解は、文化ごとの自尊心尺度得点の差は、自尊心の実態としての違いというよりも「自尊心の見せ方」の違いだという解釈である。文化によって好ましいとされる自尊心の高さが異なるという点は一つ目の解釈と同じなのだが、こちらの解釈ではそれが自己の見せ方（心理学では「自己呈示」と呼ぶので、以下ではそう表記する）にのみ影響すると考える。つまり、アピールが好ましいとされる文化では、その好ましさに合わせて自尊心を高めに自己呈示し、謙虚であることが望ましいとされる文化では、自尊心を控えめに自己呈示するという解釈なのである。

なぜ見解がわかれるのか

少しややこしい議論になったので、ここで整理しておこう。この二つの見解の違いは、国や地域による自尊心の差が、自尊心の実態を反映したものなのか、自己呈示の違いを反映したものなのかという違いである。最初に紹介した文化的自己観理論によれば、文化によって育まれてきた日本人の謙虚さや自己批判的な傾向は心の性質として根付いているものなので、実際に自尊心は低くなると考える。一方、自己呈示の解釈では、表面に表れている自尊心は、周囲の他者から望ましいとされるものを出しただけのものであると考える。そのため、自尊心の測定結果が低くても、それが自分をネガティブに捉えていることとは結び付かないと解釈する。要は、謙遜することが望ましいとされているので謙遜して見せているだけ、という解釈である。

専門家の見解が分かれているなんて面倒な話なので、とっとと決着をつけたいところではあるが、残念ながらそうもいかない。どちらの説を主張している研究者も単なる思いつきでいっているわけではないので、それぞれに実証的な研究に基づいている。そして、どちらの説でも「自尊心を測定すると、日本人の得点は低い」という現象そのものは認めていて、なぜそのような現象が見られるのかという解釈が異なっている。心理学の研究に限らず、結果が同じである物事の解釈を特定するというのは非常に難しいので、決着がつかないのである。よく政治的な問題を扱っているテレビ番組で「なぜ日本の不景気は終わらないのか」などの問題について専門家同士の意見が対立して決着がつかないことがあるが、それも同様に「不景気が続いている」という事実に対する複数の解釈について正しさの判定が難しいからである。

四 意識がだめなら無意識を測ってみればいいじゃない

無意識的な反応の測定

さて、難しい難しいといっていても話が一向に前に進まないので、少し考え方のアプローチを変えてみよう。要は、先程の議論の難しさは、日本人の自尊心の低さが謙遜によるものかどうかわからない、というところにある。自尊心尺度への回答は、質問文への回答を集計したものなので、それぞれの質問に「どう答えたか」をまとめたものである。つまり、自尊心の測定への回答に、「どう見られたいか」を反映した意識的な調整という余計なものが混入しているかもしれないという点である。それなら、意識的に反応をコントロールできないようなやり方で自尊心を測定してやれば良いだろう、というのがここでのアプローチである。

意識的に反応をコントロールできないようなやり方と、もって回ったような言い方をしているが、言いかえると無意識的な反応の測定である。そんなことができるのか、と思われるかもしれないが、これができるのだ。残念ながら、無意識的に人がどんな心理的反応をしているのかをすべて測定できるのではなく、測定できるのは「無意識的な心理過程の痕跡」程度であるが、それでも測定は可能である。歩いている人は見えないが足跡だけは観察できる、とイメージしてもらえれば大きく外れてはいない。

測定法というのは、どのようなものであっても必要に迫られて開発される。このような無意識的な反応の測定は、人種や性別などの人を分類するカテゴリーへのネガティブな態度を測定するために作られてきた。現代では、以前のようには人種や性別などへの偏見を堂々と表明する人はあまりいない。そのため、そのような態度を質問項目で測定しようとしても、出てくる結果は「偏見を持つ人は少ない」ということになる。また、偏見を持たないと回答している人が世間的な正しさに合わせて自分の考え方を偽っている人ばかり、というわけでもない。実際、「黒人や女性に否定的な態度を持っていない」と回答する人の多くが、本当に偏見は良くないと思っているし、自分は偏見など持っていないと考えているのである。しかし、一方で就職や昇進、警察の取り締まりなどの場面において、人種や性別による不利益は確かに見られるのである。そこで、「本人は意識していないが、特定の人種や性別が否定的なイメージと結び付いているのではないか。そして、意識せずにその否定的なイメージを当てはめてしまっているのではないか」という発想から、無意識的な「反応」を測定する手法が開発されたのである。

もちろん、意識されない反応を測るのにそれほど複雑なことはできない。測定できるのは、「黒人」や「女性」が「良いイメージ」「悪いイメージ」のどちらとより強く結び付いているか、という程度のことである。しかし、この程度の測定でも驚くべき結果が得られた。質問文への回答では人種的な偏見を示さない人でも、無意識的には「黒人」と「悪いイメージ」が強く結び付いている人が多かったのである。

これを現実の場面に当てはめてみると、例えばこのようなことが起こる。職場の採用面接で、日本人と外国人の志願者がいたとする。面接官は、自分は国籍による偏見は持っていないと考えているのだが、なぜか外国人を面接したときにその人の悪いところばかりが目につく。その結果、面接官の意識としては「完全に公平な判断」として、日本人を採用するのである。

無意識的な自尊心の測定法

話が少し回り道になったが、自尊心に戻してみよう。自尊心の場合には、文化的な価値観から「自尊心が高いことが望ましい」と強く感じていたり、「自尊心が高すぎる必要はない」と感じていたりすると考えられる。そのため、意識的には自尊心が高めに強調されたり、低めに抑えられたりするが、それがどの程度なのかがわからない。そのため、人種などのカテゴリーに対する無意識的な反応を測定する手法を、「自分自身」を対象として使ってみることで、無意識的に自分を肯定的に捉えている程度を測ってみるわけである。

このような無意識的な自尊心の測定に使える手法は複数開発されているが、その中でも最もよく使われているのが、潜在的連合テストという手法である。潜在的連合テストは、グリーンワルドらが一九九八年に発表して以来、数十万件の研究で用いられている。このテストで自尊心を測定する場合、肯定的な言葉と否定的な言葉のどちらが自分と強く結び付いているのかを測ることになる。自尊心が高い（肯定的）であれば、意識できないレベルで自分と肯定的な概念の結び付きが強いだろうと仮定して、その結び付きの強さを測定するのである。このとき、馬鹿正直に「あなたは自分自身と「あたたかい」という言葉が強く結び付いていると思いますか」のように直接尋ねるわけではない。

具体的な手順は以下のとおりである。まず、研究参加者にはコンピュータの画面上に表示される図1で示したような単語を分類する課題を行ってもらう。図1の課題では、「あたたかい」は快い意味の単語なので、左側のキーを押すことになる。「あたたかい」が表示されている場所には、課題ごとに「自分」「他人」「快い」「不快な」のいずれかに該当する単語がランダムに表示されて、標準的な実験では参加者は四〇問連続で回答する。次に、図1の「自分」と「他人」の位置を入れ替えた課題を行う。つまり、「他人」か「快い」であれば左のキーを、「自分」か「不快な」であれば右のキーを押すという課題である。これもまた、四〇問連続で回答する。この課題に回答するとき、参加者は「できるだけ間違えない範囲で、できるだけ早く回答する」ことを求められる。このとき、「あたたかい」などの分類すべき単語が表示されてから、参加者がキーを押すまでの時間がすべての課題で測定されている。そして、最初の「自分」と「快い」が同じ側にある課題の平均の回答時間と、「自分」と「不快な」が同じ側にある課題の平均の回答時間を比較して、意識されない自尊心を測定するという仕組みである。(1)

なぜ反応の速さが関係するのかはわかりにくいので、もう少し説明しよう。もし、頭の中で無意識的に自分を肯定的に捉えているのであれば、「自分」と「快い」という概念がセットになりやすいと考えられる。すると、図1のように「自分」と「快い」で同じキーを押す課題には回答しやすいので、反応が速くなる。一方、「自分」と「快い」で違うキーを押さなくてはならない課題では、どちらのキーを押すのか迷ってし

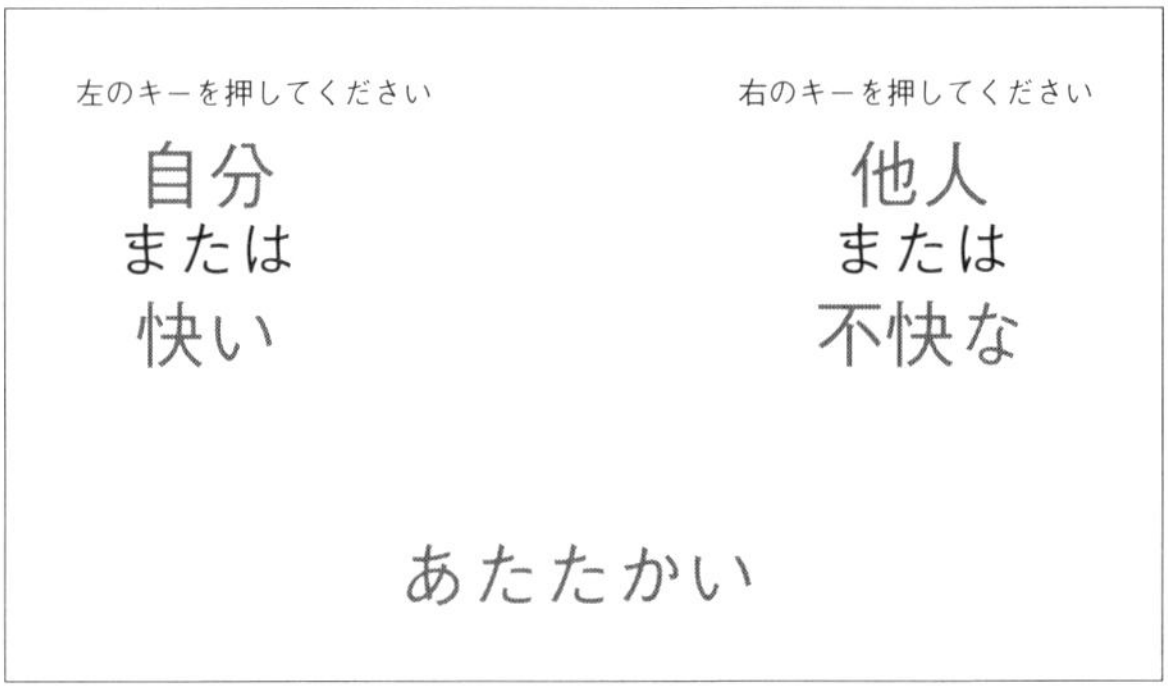

図1　潜在的連合テストの課題例

まうことがあるために反応が遅くなることになる。もちろん、反応の速さには一問ごとにバラツキがあるので、何十問か測定して平均して検討するわけである。そして、「自分」と「快い」がセットの課題と「自分」と「不快な」がセットの課題を比較し、前者が後者よりも平均的に反応が速ければ相対的に自分に対してポジティブといえる。また、二つの課題の速さの差が大きいほど、無意識的な自尊心が高いといえることになる。なんとも回りくどいやり方なのだが、無意識的な反応を測定しようとすると、直接「どうですか？」と尋ねるわけにはいかないので、このように間接的なやり方で調べるしかないのだ。

日本人の無意識的な自尊心

さて、このような方法で測定された無意識的な自尊心については、質問項目への回答という形で測定される自尊心と同様に文化差が見られるのだろうか。実は、潜在的連合テストで測定された日本人の自尊心は、複数の研究で安定してポジティブなのである。つまり、「自分」と「快い」をセットにした課題のほうが、「自分」と「不快」をセットにした課題よりも、明らかに速く回答できるのである。反応の速さは研究によってバラツキはあるが、「自分」と「快い」をセットにした課題ではおよそ六〇〇ミリ秒（〇・六秒）、「自分」と「不快な」をセットにした課題ではおよそ八〇〇ミリ秒（〇・八秒）程度が平均となり、二〇〇ミリ秒程度の差が出ることになる。もちろん、これはあくまでも平均値であって、個人差はあるので、中には速さが逆転して「自分」と「快い」をセットにした課題のほうが反応が遅くなる人もいる。とはいえ、全体的にみれば日本人でも無意識的には自分に対してポジティブであるという結果が得られている。

では、この無意識的な自尊心を国際比較した場合はどうだろうか。日本・アメリカ・中国の三か国で、潜在的連合テストと質問紙で測定するローゼンバーグの尺度の双方での測定を行った山口らの研究結果は以下のとおりである。まず、ローゼンバーグの尺度で測定された自尊心は、アメリカ人と中国人のデータで尺度の中点よりも明確にポジティブになっていたが、日本人では尺度の中点から誤差レベルしか離れていなかった。これは先に紹介したハイネらの研究と同様の結果で、質問紙で直接測定した場合、日本人の自尊心は低いことを示している。一方、潜在的連合テストの結果は、三か国すべて自分をポジティブに捉えており、かつ三か国間で統計的に誤差レベルを超える差は見られなかったのである。つまり、無意識的なレベルでは少なくとも日本人、アメリカ人、中国人の間で共通して自分を肯定的に捉えており、その程度にも差はなかったということになる。

五　心を測定するという難問

細かい研究手法や結果の話が続いたところで、いったん整理してみよう。単語の分類速度を測定する潜在的連合テストという、非常に回りくどいやり方で無意識的に自己を肯定する程度を検討したところ、「日本人はアメリカ人や中国人と同程度にポジティブ」という結果が得られた。これは、直接質問して尋ねる形式の自尊心測定とは異なる結果である。では、この結果をもって、「日本人の自尊心が低いという結果が出ていたのは謙遜などの自己呈示によるものであって、本当は日本人の自尊心はアメリカ人などと同程度に高いのだ」といえるだろうか？

またまた煮え切らなくて申し訳ないのだが、潜在的連合テストの結果をもってしても、「本当は日本人の自尊心は高い」と結論づけることはできないのである。何が問題なのかというと、「本当は」という部分である。ローゼンバーグの尺度などの直接尋ねるタイプの自尊心測定には、程度ははっきりしないものの自己呈示が含まれている。一方、潜在的連合テストでは、参加者は単語を速く分類することだけを意識しているので、自尊心を高くしようなどの自己呈示は含まれていないといえる。自己呈示を含まないという意味では、たしかに潜在的連合テストはメリットのある測定なのだが、ではそれが「本当の」自尊心を測っているかというと、残念ながら断言できない。そもそも、意識できないレベルの反応なので、当人に尋ねたところでそれが「本当の」ものかどうかは判断できないのである。

潜在的連合テストで直接測定されているのは、単語をカテゴリーに分類するスピードである。「自分」と「快い」が同じ側にある分類課題に速く回答できることは、何らかの意味で自分をポジティブに捉えていることを示している。しかし、それが単純に「直接尋ねた場合の自尊心から自己呈示を引いたもの」を意味してるわけではない。直接尋ねた場合と、潜在的連合テストでの測定とでは、測定対象が明確に異なっているので、自尊心の異なる側面を測定していることになる。そのため、「どちらかが本当でどちらかが間違い」という、単純に白黒つくような関係ではないのだ。

なんだ、結局潜在的連合テストなんて面倒な道具を出してきても何も意味はないじゃないかと感じるかもしれない。しかし、意味は十分にあるのだ。少なくとも「なんらかの意味で日本人はアメリカ人などと同程度にポジティブである」という結果だけでも、控えめにいって「日本人は自尊心が低い」という結論が当然のものではなくなるという効果がある。日本人の表面に表れている自尊心の低さは、無意識的なレベルでの自己肯定とは矛盾しない。これは、少なくとも自己否定的とはいえない結果である。表面的な自尊心の低さと、無意識的な自己肯定はそれぞれ何を意味しているのかについては別に検討が必要な問題ではあるが[2]、無意識的な自尊心の測定はたしかに自尊心の理解を一つ進めたのである。

この章を執筆するにあたって、表のテーマとして考えていたのは「自尊心の謎を探る」ということである。これについては、「謎を一つ解決してみたら、下から別の謎が出てきました」というタマネギのような形になっているので、少しモヤモヤしている人もいるかもしれない。一方、裏のテーマとしてみなさんに伝えたかったことは、「心を測ることの難しさと面白さ」であり、それはある程度達成できたのではないかと考えている。心理学は、心という誰もが持っているものを対象としているので、一見とっつきやすいし、研究なんてたいそうなことをしなくても自分の心を観察すればよいだろうという印象を抱かれやすい。しかし、物理的な実体を持たない心の性質について測定しようとすると、手を変え品を変えさまざまな測定法で光を当ててやる必要がある。しかも、光を当てたところでやっぱりその姿は見えないので、その影のような測定結果だけを見ることになる。その意味では非常にもどかしいのだが、異なる研究アプローチで違う角度から光を当てると、影もまた異なっているので、少しずつでも心の性質について理解が深まっていくことになる。これが、心を測定することの難しさであり、また面白さでもある。私たちの最も身近にあり、一見簡単そうなのによく考えてみると難しい「心という謎」を探究する面白さが少しでも伝わっていればと願うばかりである。また、この本を手に取ってくれた方は、程度の違いはあれ心理学に関心を持ってくれていると思うが、その方々にとってこの章のように結論が出ていない心の問題が多いことは悪いことではないはずだ。心理学者は現状、心の問題の完全な理解からはほど遠い場所にいるので、まだまだ魅力的な謎は数多く残されている。本章がみなさんにとって「じゃあ、こんなときにこう感じるのはなぜ？」と心の性質について思いを馳せるきっかけの一つとなれば望外の幸せである。

《註》

（1）本文では「自分」と「快い」をセットにした課題を先に、「自分」と「不快な」をセットにした課題を後に実施すると紹介しているが、後の課題を行う際に、先に行った課題の記憶が残っているために混乱して反応が遅くなる可能性もある。そのため、実際の研究では、半数の参加者は課題の順序を逆にして実施するという工夫がなされている。

（2）直接測定した自尊心と無意識的な自尊心の違いや関係については、また別に理論的にも実験的にも研究が行われている。直接測定した自尊心の高低、無意識的な自尊心の高低で四パターンに分類し、それぞれのパターンに当てはまる人にどのような特徴があるかを調べた研究である。残念ながらそれらの研究を紹介するためにはもう一章必要なので、ここではそういった研究が存在することを示しておくにとどめる。

〔引用・参考文献〕

バナージ、M・R／グリーンワルド、A・G（二〇一五）『心の中のブラインド・スポット—善良な人々に潜む非意識のバイアス—』北村英哉・小林知博訳、北大路書房。

Baumeister, R. F., Smart, L., & Boden, J. M. (1996). The relation of threatened egotism to violence and aggression: The dark side of high self-esteem. *Journal of Personality and Social Psychology*, **64**, 141-156.

Greenwald, A. G., McGhee, D. E., & Schwarz, J. L. K. (1998). Measuring individual differences in implicit cognition: The implicit association test. *Journal of Personality and Social Psychology*, **37**, 147-169.

Heine, S. J., Lehman, D. R., Markus, H. R., & Kitayama, S. (1999). Is there a universal need for positive self-regard?. *Psychological Review*, **106**, 766-794.

Markus, H. R., & Kitayama, S. (1991). Culture and the self: Implication for cognition, emotion, and motivation. *Psychological Review*, **98**, 224-253.

Rosenberg, M. (1965). *Society and the adolescent self-image*. Princeton: Princeton University Press.

Schmitt, D. P., & Allik, J. (2005). Simultaneous administration of the Rosenberg Self-Esteem Scale in 53 nations: Exploring the universal and culture-specific features of global self-esteem. *Journal of Personality and Social Psychology*, **89**, 623-642.

Taylor, S. E., & Brown, J. D. (1988). Illusion and well-being: A social psychological perspective on mental health. *Psychological Bulletin*, **103**, 193-210.

Yamaguchi, S., et al.(2007).Apparent Universality of Positive Implicit Self-Esteem. *Psychological Science*, **18**, 498-500.

第5章
ひとの心の虚と実

井《い》村《むら》　修《おさむ》

この章では、私たちが一般的に信じたり、正しいと思ったりしていることが、心理学の研究からは、疑問であったり異なった視点から理解されたりすることを紹介する。そこで、この章のタイトルを「ひとの心の虚と実」とした。本章を通して心理学への関心を持っていただければと考えている。心理学は身近だが奥深い学問である。

一　心理学とは

心理学は人の行動や心の働きについての研究分野である。視覚や聴覚などを研究する感覚・知覚心理学、記憶や情報処理の仕組みを研究する認知心理学や学習心理学、対人関係や集団に関する社会心理学、乳幼児期から高齢期までの心の成長や変化を研究する発達心理学、教授に関する心理や指導方法を研究する教育心理学、悩みや心の病を持つ人への援助方法や心の仕組みを研究し実践する臨床心理学などがある。心理学の歴史は、他の学問分野にくらべ新しく、ヴントが、ライプツィヒ大学に心理学実験室を一八七九年に開設してから一五〇年にも満たない。もっともこれは、科学的な心理学の研究方法が確立してからであり、思弁的・哲学的な心の研究はギリシャ時代あるいはそれ以前までさかのぼるに違いない。

近年、心理学への関心は高まり、心理学科や心理学部も設置されるようになった。二〇一五年に心理職を国家資格とする「公認心理師法」が制定・公布され、二〇一七年に施行に至り二〇一八年から試験に第一回目の試験が行われた。現在まで三万六〇〇〇人ほどが合格している。このような動向も心理学への期待や関心が社会で広がっていることを示す。しかし心理学は、大学以前の教育ではほとんど教えられることはなく、いわばイメージ先行と考えられる。筆者らが受験生を面接すると、「心理学」＝「カウンセラー」＝「臨床心理学」という等式が成り立つように感じられる。スクールカウンセラー志望の受験生が多いのである。臨床心理学以外の研究分野のほうが多いことは意外と知られていない。これも心理学における虚と実といえるかもしれない。

二　私たちは真実を見ているのか

「百聞は一見にしかず」ということわざはよく知られている。百回聞くより一回見れば実態がよくわかると意味だ。英語でも Seeing is believing（見ることは信じること）と表現される。見ていることは真実のように思われ、事実のように信じられるということであろう。しかし本当にそうであろうか。私たちは、物理的世界そのものを見ているように思いがちだが、実際は視覚的に入ってくる情報を脳で認識しているので、必ずしもそのものを見ているわけではない。例えば知覚心理学でよく知られているミュラー・リヤーの錯視というものがある（図1）。矢羽根が外に開いた図形（上）と矢羽根が閉じた図形（下）の中央部を見たとき、上の方が下より長く見える。しかし実際定規を使って長さを計ると同じである。疑問に思う人は実際に計ってみていただきたい。必ずしも見ていることが真実とはいえないことがわかるだろう。

「盲点」という言葉は、誰もがうっかりして見落としていることをいう。「盲点を突かれ大敗北した」のように見落とした弱点のため、対応ができずに望ましくない結果に陥った場合にも使われる。しかしこれは比喩的表現であり、実際の盲点は「視神経が網膜に入ってくる部分」のことであり、視細胞がないため視覚を生じないのである。したがって皆誰も盲点を持っている。「そんな馬鹿な、私の目に見えない部分はない」と思われる方も多いであろう。それでは次のような実験をやってみよう（図2）。

【実験手続き】この本を両手に持ち目から三〇センチほど離す。×が左目、●が右目に対応するように位置を決める。次に左目を閉じ、右目で×印を注視しながら、本をゆっくり目のほうに近づける（顔を本

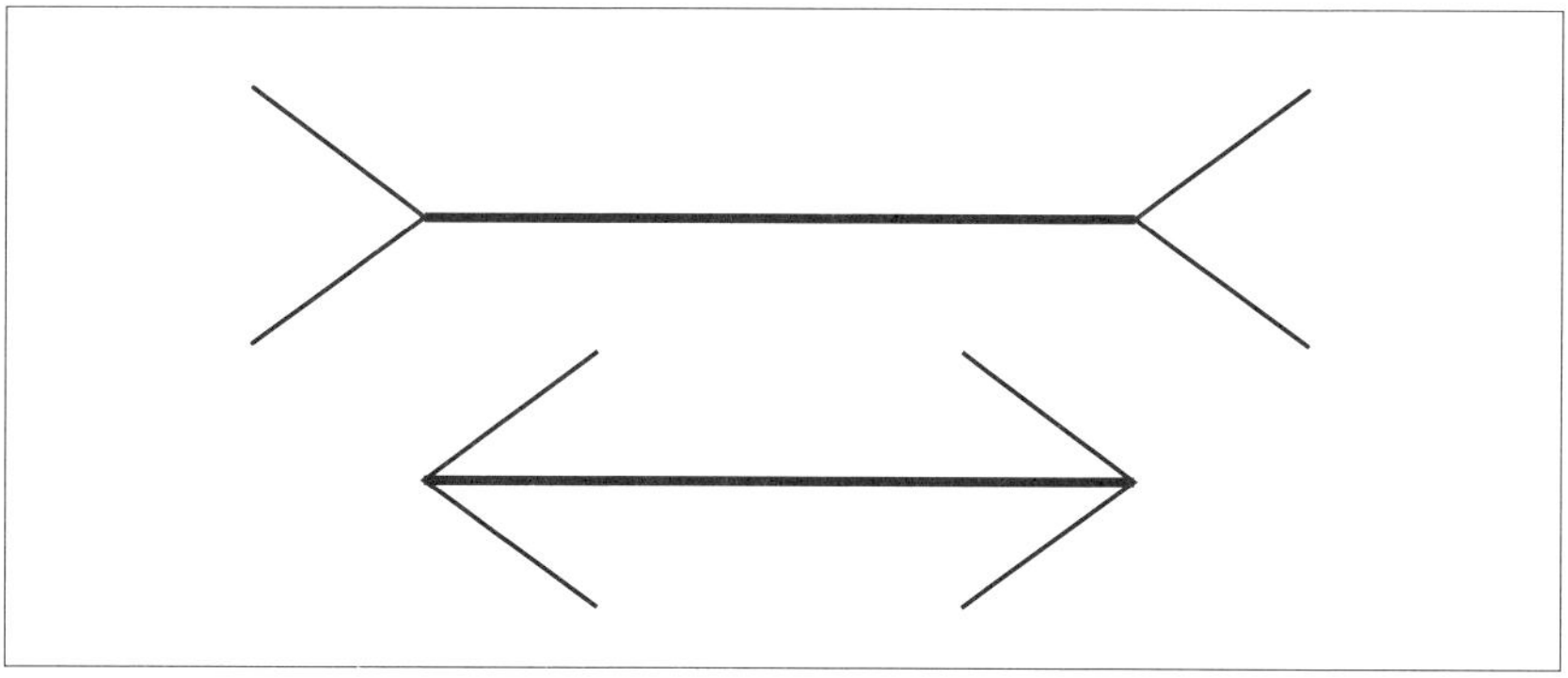

図1　ミュラー・リヤーの錯視図形

に近づけてもよい)。右側の●はどう変化するか観察する。見えていた●はある時点で消失し、さらに本を顔に近づけるとまた見えてくる。

どうして●は消えたのか。それは●が右目の視神経が網膜に入ってくる部分、すなわち盲点上にあったからである。これほどの視覚情報が欠落しているのに、どうして普段見ているときは盲点を自覚できないのか。その理由は、盲点に対応する視野領域の情報が、盲点周辺の情報によって補完されていると考えられている。つまり脳が情報を修正し視覚情報の欠落を補っているのである。私たちの視知覚という客観的と思われる体験も、必ずしも物理的世界をそのまま体験しているわけではないことが、前述した二つの例から理解されたであろう。視覚情報は網膜から神経を通って脳に伝達される。したがって、視覚情報の伝達にはごく短い時間ではあるが、時間がかかり遅れるのである。私たちは物理的世界より遅れた世界を常に見ていることになる。百光年先の宇宙が現在あるかどうかわからないのと同様に、今見ている世界も過去の物理的世界であり、きわめて短時間ではあるが現実の物理的世界が変化している可能性もある。

図2　盲点の実験

三　眠ると記憶は失われるのか

受験生は英単語や数学の公式を記憶する。試験前に徹夜で勉強した経験がある人もいるだろう。あきらめて寝てしまった人もいるはずである。寝る前に同じ数の英単語を記憶していた二人が、一方はその後徹夜し、他方は睡眠をとったとする。どちらのほうが英単語を多く記憶しているだろうか。寝ている間に記憶がうすれ思い出せなくなるようにも思われる。はたして事実はどうであろうか。今から八〇年以上も前に、ジェンキンスとダレンバッハが行った実験がある。ジェンキンスらは、実験参加者に十個の無意味つづり（ＮＫＣなどの意味のない単語）を記憶させ、その後すぐ睡眠をとらせる場合と、起きている場合とではどのように記憶が違うのかを調べた。そして思い出すまでの時間を、一、二、四、八時間とした。睡眠条件では二時間後までに思い出せる無意味つづりの数は六個程度になり、四時間後も八時間後も同じ水準を維持した。一方、覚醒条件では、一時間後に四個程度、二時間後に三個程度、四時間後には二個程度、八時間たつと一個から二個程度に思い出せる個数は減少した。睡眠をとったほうが明らかに思い出す数が多かったのである。この現象は逆行性干渉として知られている。睡眠条件では寝てしまうため行動が抑制され、記憶を妨害する体験がほとんどないが、覚醒条件では日常的なさまざまな活動を行うことが、妨害的に働き想起に干渉すると考えられた。

最近の睡眠研究では、逆行性干渉の問題だけでなく、睡眠時間中に記憶が強化されていることがわかってきた。櫻井によると、テトリスのようなゲームやタイピングの速さなどの知覚・運動学習課題で、練習後に睡眠条件と覚醒条件をはさんでその後の成績を比較したところ、覚醒条件では成績が維持されるにとどまったが、睡眠条件では成績がさらに向上したことを報告している。忘却の抑制や促進は逆行性干渉説で説明できるが、このような成績の向上は説明できない。動物実験で睡眠を奪うと記憶が損なわれることが知られており、睡眠が記憶の強化や定着に関わっていると考えられている。これらの記憶研究から考えると、試験前は十分に睡眠をとることが重要であろう。しかし注意していただきたいことは、ジェンキンスとダレンバッハの実験は、いったん完全に記憶されていた無意味つづりを思い出すという課題であった。単語や数学の公式を完全に記憶してから、睡眠をとらないと、いくら睡眠だけを十分とったとしても、望ましい結果は得られないのは明らかだ。

記憶の研究を行うのも心理学の一分野である。しかし、近年脳科学の発達により、心理学以外の分野の記憶研究も急速に発展している。記憶の生理学レベルの研究や分子レベルの研究が進むと、心理学の記憶研究は衰退していくのであろうか。筆者はそのようなことはおそらくないだろうと考えている。いくら記憶に関する脳構造や活動部位が明らかになっても、また記憶に関与する分子メカニズムが解明されても、そのような体の仕組みがどのように体験され行動につながるのかは、心理学なしには探究できないからである。したがって今以上に心理学と他の関連分野の融合が高まる可能性がある。

四　正しいと思うことは主張できるか

会議で多くの人が賛成しているのに、自分だけが反対の意見を持っているとする。しかも自分はそれが正しいと思っている。しかし、会議では発言しようと思うができず、あきらめ後悔した経験はないだろうか。多くの人が賛成すると反対意見は主張しにくいのである。このような行動は社会的同調と心理学では呼ばれている。同調行動を科学的に研究したのはアッシュである。彼は図３のような(1)-(3)の長さの異なる線分と標準線分を提示し、実験参加者にどの線分と長さが同じかをたずねた。実験参加者を七人とすると、真の実験参加は一名であり、残りの六人は研究者の協力者であり、いわゆるサクラであった。実験参加者は順に口頭で自分の判断の報告を求められた。真の実験参加者の順番は六番目であった。初回の報告は全員一致であった。次の報告も全員一致であった。三回目の報告は六番目の真の実験参加者のみ一致しなかった。彼は驚き当惑した。その後不一致が度重なると、報告の声が小さくなり、きまり悪そうに笑った。この実験にはからくりがあり、六名のサクラは事前に特定の回数に誤った判断をするように決められていたのである。真の実験協力者はそのことを知らされておらず、自分が正しい判断をしても他の人

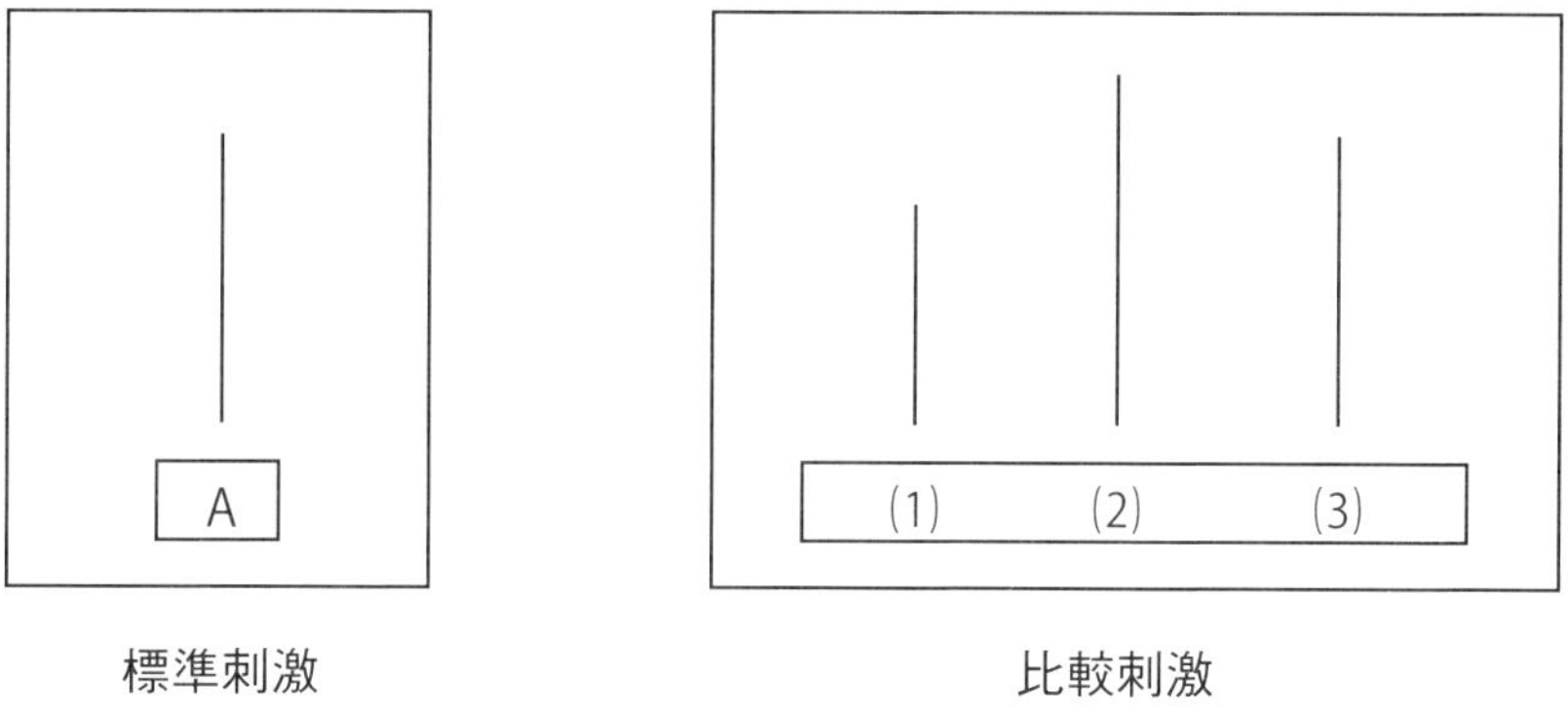

図3　アッシュの同調の実験
実験参加者は、左の標準刺激と同じ長さの線分を、（1）から（3）の比較刺激の中から選択し、口頭で報告することが求められる。この例では（3）が標準刺激と同じ長さになっている。単独で判断を求められると 99% 以上の正答率だが、実験条件のような集団の状況だと 60% に低下する。

と一致しないため、当惑して自信を失ってしまったのである。一人だけで判断するときは九九％以上の正答なのに、このように集団の圧力を受けると正答率が六〇％まで低下した。アッシュは一連の実験から、同調傾向は対立者が三人以上いれば最大に達し、一方、意見を同じにする賛同者が一名いれば、同調傾向は急激に減少すると報告している。このように明らかに事実と異なる線分の長さであっても、多数の者が正しいと主張すると反対できなくなるのである。しかし、人は賛同者がいれば心強くなり、自分の考えを主張できるようになる。

　新型コロナウイルス感染予防のためマスクの着用が勧められている。日本では電車やバスの乗客でマスクを着用していない人はほとんどいない。また緊急事態宣言が出されたが、海外のよう法律で外出を禁じられたり、罰則を受けたりすることはなかった。それでも海外と比較すると感染者数は多くない。これは、日本人の同調傾向が高く、周囲とは違った行動をとりたくないという心理を表し、新型コロナウイルス感染に防止に一役買っているのではないだろうか。社会的同調は、戦争に向かったかつての日本のようにネガティブに作用することもあるし、今回の新型コロナウイルス感染予防のようにポジティブに作用することもある。

五　ブロイエルの悩みとフロイトの慧眼

　ジクムント・フロイトは心理療法の一派である精神分療法の創始者である。意識にのぼると不快な体験や感情を抑圧していると、さまざまな神経症状が出現すると考え、無意識に抑圧された感情を解放させる心理療法を開発して実践した。彼は、患者に心に思い浮かぶことを報告させ、それを分析する自由連想法や夢の解釈を行った。精神分析療法のきっかけは、フロイトの先輩格の医師ブロイエルが、アンナという若い女性へ行った治療であった。アンナは健康で理知的な女性であったが、父親の病気を母親と看病していたときに、吐き気がして、原因不明の激しい咳が出るようになった。彼女の症状は日増しに悪化し、午後になると床につかねばならなくなり、半睡眠の「催眠状態」といえるような状態になった。また斜視や偏頭痛、頸の筋肉のマヒも出現した。ブロイエルが「催眠状態」のアンナに語りかけると、彼女は心にたまっていたことを次々と話した。そうするとアンナは上機嫌になった。ブロイエルはこれを「談話療法」と呼んだ。

アンナはコップから水を飲むことができず渇きに苦しんでいた。水を飲もうとコップに口を近づけると反射的に口を離してしまうのである。彼女は仕方なくナシやリンゴなどの果物で水分を摂っていた。ある「談話療法」のときアンナは、彼女の家庭教師が人間の使うコップで犬に水を飲ませていたのを目撃したことを「催眠状態」で語り、不快な気持であったが何も抗議しなかったといい不満をぶちまけた。話し終えてアンナは「のどが渇いた」と訴え多量の水を飲み「催眠状態」から覚めた。その後アンナが「催眠状態」でさまざまなことを語ると、彼女を苦しませていた多彩な症状は消失していった。フロイトはブロイエルの治療に関心を持ち、自分でも同じような治療法を試みた。これらの成果をまとめたものが、フロイトとブロイエルの共著の「ヒステリー研究」（一八九五）である。この本は精神分析療法の嚆矢として有名である。フロイトとブロイエルは、意識化すると不快になるような体験を抑圧していると神経症状が出現し、鬱積《うっせき》した感情を発散させると症状が消失すると考えたのである。語ることで治療するという近代的心理療法の誕生である。ブロイエルによる治療でアンナの症状は軽減された。しかし完全には治癒していなかったようである。ブロイエルはアンナの治療へ熱中したため、妻から嫉妬され、また医師としても複雑な感情にとらわれていた。そしてアンナはブロイエルに恋愛感情を抱くようになり、空想妊娠と考えられる発言をするようになった。ブロイエルは驚き、自分の名声が傷つけられることを恐れ、治療を中断し妻とイタリア旅行に行ってしまうのである。

図4　ロンドンのフロイト博物館（筆者撮影）
ロンドン北部の住宅地ハムステッドにあるフロイトが1年3か月ほど暮らした家。娘の精神分析家アンナ・フロイトが、1982年までここで暮らし治療を行っていた。

図5　フロイトの治療室（筆者撮影）
右側のカウチで患者は自由連想を行い、その奥の椅子にフロイトはかけて患者の語りに耳を傾けていた。フロイトはエジプトで発掘された像などの収集が趣味で展示されていた。

フロイトの慧眼は、アンナや自分が治療した患者の言動を検討し、患者の示す恋愛感情は治療場面で生じた特異的な反応であることに気づいたことである。今まで誰に打ち明けることもできず、心に秘めていた感情を打ち明け、それを優しく受容・共感してくれる治療者に患者が好意を抱くのは当然である。しかしこの好意は日常生活のものとは異なる。フロイトは現実生活での対人関係のパターンや、そこで満たされなかった感情を、患者は治療場面で再現すると考えたのである。そして患者が治療者に向けてくる感情を「転移」と名付けた。アンナの抱いたブロイエルへの恋愛感情は「恋愛性転移」とフロイトは捉えたのである。その後、精神分析療法では、無意識の葛藤の意識化だけでなく、治療者へ向けられる患者の願望を含んだ転移感情の分析を重視することになった。恋愛感情のようなポジティブな治療者に向けられる感情は「陽性転移」と呼ばれ、攻撃性や怒りのようなネガティブな感情は「陰性転移」呼ばれている。

ブロイエルはアンナの恋愛感情を現実のものとして恐れたが、フロイトは患者の示す一般的な反応であり、患者の空想や願望に色づけられており、患者の自己理解を促すための重要な現象だと考えたのである。また、治療者が患者の転移に対して抱く感情は、「逆移転」と呼ばれ、治療者と患者の関係を理解する手段となっている。やがてブロイエルはフロイトと決別し、フロイトは精神分析療法を発展させた。フロイトはナチスに長年暮らしたウィーンを追われ、ロンドンに亡命して一九三九年亡くなった。

六　何が事実なのか

組織が自分を監視している？

太郎さん（仮名）は大学四年生である。故郷を離れ都会の大学に入学した。内気な性格のためか親しい友人はできなかった。一年生の頃語学のクラスに出席していると、隣の女子学生がクスッと笑った。太郎さんは自分の発音が下手だったからかなと思った。二年生の頃アパートに戻ってみると机の上に置いていたはずの本が、本棚にきれいに並べられているのに気づいた。一瞬おかしいなと思ったが、気のせいだろうと考えなおした。三年生の頃、「青年期の心理学」という科目を受講していると、教授が「青年期は将来の人生の目標を見つけることが課題であり、そのため一時的に混乱したり、意欲がなくしたりすることがある」と説明した。太郎さんは自分の悩みをどうしてあの教授は知っているのか不思議に思った。四年生になりいくつかの会社の就職試験を受けた。筆記の一次試験は合格するが、面接がうまくいかず、すべての会社から内定をもらえず落ち込んだ。それからしばらくして、専門科目の試験があった。勉強していたつもりだが、評価は期待よりかなり低いものであった。がっかりして廊下を歩いていたら、先ほど試験をした教授が学生と歩いてきて、「あれはだめだなあ」といってすれ違った。その瞬間太郎さんは謎が解けた気がした。「あれ」とは自分のことだと確信したのだった。

自分はダメな人間だと烙印を押されている。この大学には学生を監視する組織があるらしい。語学のときの女子学生は大学の職員で自分を監視していたのだ。語学の教授も心理学の教授もみな組織の人間で、自分を監視して自由な行動をさせないようにしているのだと、太郎さんは思った。ひょっとすると、アパートにも自分が不在のときに組織の人間が入り、行動や思想を調べているのではないかと思うようになった。就職試験の失敗もその組織のせいだろうと太郎さんは考えた。しかし太郎さんは、なぜその組織が自分をターゲットにしているのか疑問であった。そして考えているうちに、この大学だけでなくすべての大学に同じような組織があり、優秀な人間と自分のように価値のない人間を選別するのではないかという結論に至った。このような大掛かりな人間選別は、単に一大学や一企業だけで行うのは難しく、おそらく国家機関が関与しているだろうと推測した。小学校に入学してから今まで何回試験を受けただろうか。あれもすべて人間選別の一環だったと考えると、太郎さんははてしない恐怖と無力感、そして敗北感を感じた。太郎さんには幻聴や幻覚のような異常体験はない。支離滅裂な言動、行動や感情の異常も認められない。大学の成績は平均的で知的な問題はない。身なりはきちんとしていて生活の乱れもない。対人関係はやや苦手だが、周囲と目立ったトラブルを起こしたことはない。ただ自分が監視、迫害されていて、それは人間を選別する秘密の組織があるに違いないと確信している点が問題であった。太郎さんはこのままでは組織につぶされてしまう。なんとかしなければと考えるようになった。秘密組織を自分一人で壊滅させるのは無理なので、「自分を監視の対象から外してほしい」という要望と「このような監視体制は人権侵害なのでやめるように」という抗議文を大学に送った。しばらくして大学から呼び出しがあり、事情を聴きたいということであった。大学に行くと、ゼミの教授と事務職員とカウンセラーがいて、「大学にはそのような監視システムはない」ことと「困ったことがあれば学生相談室を利用するように」といわれた。太郎さんは納得がいかなかった。やはり大学は人間選別システムの一つなのだと感じた。

苦境が妄想を生む

太郎さんの「自分を迫害する組織がある」という考えには偏りがあるといえる。このような思考や信念の偏りは妄想と呼ばれている。精神障害の診断基準ＤＳＭ－５によると、太郎さんには幻覚（見えるはずのないものが見えたり、聞こえるはずのない声などが聞こえたりすること）がなく、思考の解体や疎通性のない（意味が通じない）会話は認められず、まとまりのない言動や行動の異常もなく、感情の平板化（喜怒哀楽の感情が少なくなること）や自閉的特徴（自分の殻に閉じこもること）もなかったので妄想性障害と判断される。

妄想とは明確な根拠がないのにもかかわらず、確信度が高く説得による訂正が困難で、その内容が非現実的なものである。それでは「人の優劣を選別するシステムがある」という考えはどうであろうか。入試や就職試験はまさに適格者を選別するシステムである。太郎さんの考えは非現実的とはいえない。健常な人間もさまざまな非現実的な考えを抱く。筆者も宝くじが当たり、大金が手に入ったので、豪華なクルーザーを購入し南太平洋の島々をめぐることを空想する。しかしこれは空想であり妄想ではない。現実ではないと自覚しているからだ。

太郎さんは就職試験に失敗して落ち込んでいた。そして、大学の専門科目の試験の結果も芳しくなく、偶然教授の「あれはだめだなあ」という声を聞いた。客観的に見れば太郎さんのことではないと明らかだが、自信を失い失敗の理由を考えていた太郎さんは、「あれ」を自分に関連づけたのであった。筆者は、幸福な生活を送っていて、妄想を抱くようになった人を知らない。皆、何らかの苦境に陥っていて、その理由を考えているときに妄想は生じるようだ。そして身に降りかかる問題の原因を妄想に結び付け、その妄想は次第に強固になり、他者の説得が困難になっていくのである。妄想は一時的にではあるが、心を安定させる効果があるのではないか。原因がわからず、自分に不利なことが起こるのは不安である。なんとかその原因を知りたいと思うのは人情である。しかし、その原因が事実でない場合は、ますます問題をこじらせることになる。そして周囲から受け入れられなくなる。妄想を持つ人を支援するには、妄想を否定したり、論理的に説得したりしないほうが望ましいといわれている。クライエントの安心感や安全感が増し、自信がつけば、妄想は必要なくなると考えられる。

七　カウンセリングにおける真実とは

カウンセラーのひと言

小学校三年生の花子さん（仮名）と母親がカウンセリングに来談した。問題は不登校だ。母親の話では、半年ほど前に学校で、花子さんが父親の身体障害のことで、友達にからかわれたらしい。その翌日から、花子さんは頭痛を訴え登校を渋るようになった。母親は学校に抗議した。学校は事実関係を調べて、友達のからかいが原因と判断し、関係した児童を指導するとともに陳謝した。また学校は、花子さんと友達の関係を修復する場を設定し、からかった児童たちも反省の言葉を伝えた。しかし花子さんの不登校は改善しなかった。母親が登校を促すと頭痛だけでなく吐き気も訴えるようになった。周囲がそっとしておくと、花子さんはテレビを見たり、好きな音楽を聴いたりして平穏に生活していた。しかし自分からは登校しようとはしなかった。しびれを切らした両親が説得して、花子さんをカウンセリングに連れてきたのだった。

花子さんは来談が不満だったらしくうつむいたままであった。母親がこれまでのいきさつを花子さんに代わって説明した。母親からは、病院の検査では身体に異常がないこと、学校側の対応が遅れ問題をこじらせたこと、「からかい」といういじめが原因で不登校になったこと、このままでは勉強が遅れてしまい将来が心配であることなどが語られた。カウンセラーが、花子さんに「お母さんの説明で間違っていない？」と問いかけても、視線を合わせることなく無言であった。また「今日ここに突然連れてこられてびっくりしたでしょう」と語りかけても無反応であった。取り付く島がない、カウンセラーはあせった。花子さんはうなずきや拒否の態度も示さなかった。その代わり母親は多弁であった。カウンセラーは、母親と別にして花子さんの考えを聞こうと思い、提案してみたがこれも空振りであった。五〇分の面接時間は四五分が過ぎ、残り五分となっていた。「このままでは花子さんは二度とカウンセリングに来ないだろう」という考えが、カウンセラーの頭をかすめた。カウンセリングでは来談者の治療意欲が重要であり、花子さんのようにやや強引に連れてこられた場合難渋する。クライエントの不本意感を丁寧に聴き、反発への理解や共感を示すことが必要である。しかし残り五分でこのような対応をすることは困難であった。いや、花子さんの入室時から、基本的にはそのような治療的態度を、カウンセラーは取ってきていたつもりだった。どのようなカウンセラーの関わりも、花子さんからはじき返され、無力化されているように思われた。追い詰められたカウンセラーは、「ひょっとしたら、大好きなお父さんの悪口をいわれたので、そんなお友達がいる学校なんか行ってやるものかと決心したのかな」と語りかけた。するとそれまでうつむいていた花子さんが顔を上げた。カウンセラーは花子さんが少し微笑んだように感じた。母親は一週間後のカウンセリングを予約して帰った。しかし、カウンセラーは、次の面接には花子さんは来ず、母親だけなのかなと思った。

予想に反して花子さんは来た。入室するなり母親は、「花子さんが登校するようになった」と報告した。カウンセリング終了後、帰宅中の車の中で、花子さんは「明日から学校に行くと」宣言し、帰宅後ランドセルを玄関に出して、夕食を食べてから早めに就寝したという。両親は、今まで強く登校を勧めてもうまくいかなかったので、そんなに簡単に登校できるのだろうかと疑問に思った。しかし、花子さんは、翌朝食事を終えると元気よく登校した。帰宅後も普段通りの生活をし、またその翌日以降も順調に登校した。カウンセラーはキツネにつままれたような気分になった。あんなにかたくなだった花子さんが、なぜ登校するようになったのだろうか。前回のカウンセリングを回想していたら、面接の最後に花子さんに語り掛けた言葉を思い出した。やはり「ひょっとしたら……決心したのかな」というカウンセラーの言葉は、花子さんの心に届いていたようであった。その後花子さんは、別のカウンセラーとプレイセラピーを数回行い、彼女のカウンセリングは終結となった。三か月後のフォローアップで、母親から花子さんは元気に登校していること、からかった友達とも遊んでいることが報告された。

カウンセラーの役割

花子さんが登校を再開した理由は不明である。たしかに、友達のからかいは不登校のきっかけであった。しかし学校側の仲裁や、両親の説得は有効ではなかった。経過から推測すると、やはりカウンセラーの投げかけた、「ひょっとしたら……決心したのかな」の言葉が、花子さんに影響を与えた可能性が高い。クライエントは自分の思いを受け入れ、共感してくれるカウンセラーに出会うと勇気がわく。そして変化し成長していく。クライエントの心の中の「真実」を理解することが、カウンセラーの重要な役割であることはいうまでもない。花子さんはカウンセラーに改めて、ロジャーズの提唱する、カウンセリングの三原則「無条件の肯定的配慮」「共感的理解」「自己一致」について身をもって教えてくれたのであった。

《註》
事例として紹介した太郎さんと花子さんは実在の人物ではない。筆者の体験をもとに創作した事例である。

〔引用・参考文献〕

American Psychiatric Association（二〇一四）『DSM-5　精神疾患の診断・統計マニュアル』日本精神神経学会監修、医学書院。

岩原信九郎（一九七六）『記憶力』講談社。

ジョーンズ、E（一九六九）『フロイトの生涯』竹友安彦・藤井治彦訳、紀伊国屋書店。

ミュラー（一九六六）『感覚心理学』田中良久訳、岩波書店。

佐治守夫・飯長喜一郎編（一九八三）「クライエント中心療法」有斐閣。

櫻井武（二〇一七）『睡眠の科学』講談社。

椎名健（一九八三）『心理学パッケージパート二　心の世界の扉を開く』ブレーン出版。

〈著者紹介〉

〈掲載順〉

太田《おおた》 仁《じん》

奈良大学教授。社会心理学。三重県鈴鹿市生まれ。関西大学大学院博士後期課程修了。博士（社会学）公認心理師。

主な著書 『たすけを求める心と行動』〔単著〕（金子書房、二〇〇五）、『援助要請と被援助志向性の心理学』〔共著〕（金子書房、二〇一七）、『支えあいからつながる心』〔監著〕（ナカニシヤ出版、二〇一九）ほか。

宮島《みやじま》 健《たける》

奈良大学講師。社会心理学専攻。福岡県福岡市生まれ。九州大学大学院博士後期課程修了。博士（心理学）。

主な著書 『［新版］エピソードでわかる社会心理学』〔共著〕（北樹出版、二〇二〇）ほか。

林《はやし》 郷子《きょうこ》

奈良大学教授。臨床心理学専攻。東京都町田市生まれ。京都大学大学院博士後期課程単位取得満期退学。

主な著書 『「発達障害」と心理臨床』〔共著〕（創元社、二〇〇九）、『心理療法における「私」との出会い――心理療法・表現療法の本質を問い直す――』〔共著〕（創元社、二〇一四）ほか。

村上《むらかみ》 史朗《ふみお》

奈良大学教授。社会心理学専攻。東京都東村山市生まれ。東京大学大学院人文社会系研究科博士課程単位取得満期退学。博士（社会心理学）。

主な著書 『責任と法意識の人間科学』〔共著〕（勁草書房、二〇一八）、『社会心理学概論』〔共著〕（ナカニシヤ出版、二〇一六）ほか。

井村《いむら》 修《おさむ》

奈良大学教授。臨床心理学専攻。大分県生まれ。九州大学大学院教育学研究科博士課程単位取得満期退学。博士（心理学）。

主な著書 『病気のひとのこころ』〔共編〕（誠信書房、二〇一八）ほか。

〈編者紹介〉

奈良大学
NARA UNIVERSITY
〒631-8502 奈良市山陵町1500
TEL.0742-44-1251 FAX.0742-41-0650
http://www.nara-u.ac.jp

◆文　学　部　国文学科　史学科　地理学科　文化財学科
◆社 会 学 部　心理学科　総合社会学科
◆通信教育部　文化財歴史学科
◆大　学　院　文学研究科　社会学研究科

奈良大ブックレット09　**常識を疑う心理学**

二〇二一年三月三一日　初版第一刷発行

編　者　学校法人 奈良大学
著　者　太田　仁／宮島　健／林　郷子
　　　　村上史朗／井村　修〈掲載順〉
発行者　中西　良
発行所　株式会社 ナカニシヤ出版
〒六〇六-八一六一　京都市左京区一乗寺木ノ本町一五番地
電話（〇七五）七二三-〇一一一
ファックス（〇七五）七二三-〇〇九五
振替　〇一〇三〇-〇-一三一二八
URL　http://www.nakanishi.co.jp/
e-mail　iihon-ippai@nakanishiya.co.jp

印刷・製本　共同精版印刷株式会社
装幀　河野　綾／編集　石崎雄高

ISBN978-4-7795-1537-8 C0311

奈良大ブックレット発刊の辞

市川　良哉

時代が大きく変わっていく。この思いを深める。少子高齢化は社会の在り方や個人の生活を変えていく。情報の技術的な進歩が人とのコミュニケーションの在り方を激変させている。人はどう生きるべきかという規範を見失ったかに見える。地震や津波などの自然災害、殊に原発事故の放射能汚染は生命を脅かしている。こうしたことの中に将来への危惧にも似た不安を覚える。

不安はより根本的な人間の気分を意味するという。こうした気分は人の内面に深く浸透していく。不安にさらされながらも、新しい時代に相応しい人としての生き方こそが求められなければならない。そうしたとき、人は自らの生き方を選択し、決断していかなければならない。孤独な生を実感する。そこでも、われわれはこのような生き方でいいのだろうかと大きな不安を抱く。

不易流行という言葉はもと芭蕉の俳諧用語で、不易は詩的生命の永遠性をいい、流行は詩の時々におけるはやりをいう。ここから、この語はいつの時代にも変わる面と同時に、変わらない面との、二つをもっていることを意味する。

変化する面は措《お》くとして、歴史とは何か。文化とは何か。人間とは何か。人間らしい生き方とは。平和とは何か。人間や世界にかかわるこの問いは不変である。不安な時代の中で、われわれはこの根源的な問いを掲げて、ささやかながらも歴史を、文化を、人間を追求していきたい。そうした営みの中で、人の生き方を考える道筋を求め、社会を照らす光を見出していきたい。

奈良大ブックレットは若い人たちを念頭においた。平易な言葉で記述することを心がけ、本学の知的人的資源を活用して歴史、文化、社会、人間について取り上げる。小さなテーマに見えて実は大きな課題を提起し、参考に供したいと念願する。

二〇一二年一〇月